みんな大好き陰謀論

ダマされやすい人のためのリテラシー向上入門

内藤陽介
Naito Yosuke

ビジネス社

はじめに

本書の題名にある「陰謀論」を辞書風に定義すると「ある出来事について、広く事実として認められている公の情報や、それに基づく社会の標準的な理解とは別に、確実な根拠もないまま、特定の組織や人物が自らの利益のため秘密裏に策を弄《ろう》した結果と考える主張」となります。

現代日本での具体例を挙げてみましょう。

二〇一二年の総選挙で民主党（当時）が下野し、自民党が政権に復帰して以来、国政選挙では自民党が勝利し続けています。これに対して、一部の野党支持者からは「投票用紙の交付機、読取分類機など選挙用機材をほぼ独占的に提供している企業、ムサシが大手広告代理店の電通と結託し、自民党を勝たせるため、不正な手段で選挙結果を動かしている」という主張（陰謀論）が、選挙のたびに出てきます。

ムサシと電通の結託を主張する人は、両社の本社が近くにあることなども根拠にしていますが、両社に資本関係は全くなく、ムサシ本社の近くには自民党政権に批判的な論調で知られる朝日新聞社の社屋もあります。さらに、ムサシの読取分類機では投票用紙のすべての流れが外から目視できるので、取材メディアを含め衆人環視の下、開票所に居合わせた全員が結託しない限り、票の不正操作は物理的に困難です。

そもそも、二〇〇九年の総選挙で野党が勝利し、自民党が下野した際もムサシの機械が使われていました。したがって、ムサシ陰謀論は全くのデマとして、まともな政治家や言論人からは相手にされていません。

ここ数年の選挙で自民党が勝利を続けてきたのは、動機はどうあれ、有権者が自民党に投票してきた結果です。もちろん、現政権への批判や憂慮が公の場で忌憚《きたん》なく語られることは民主主義国家として健全なことですが、政権批判にデマを紛れ込ませ、根拠のない陰謀論に与《くみ》して選挙結果を認めようとしないのであれば、それこそ、民主主義を否定することになります。

また、陰謀論は特定の個人や集団を「悪」と決めつける傾向があるため、人種差別や人権侵害にもつながりかねません。たとえば、日本の政財界やメディアは「在日（韓国人・朝鮮人）」が牛耳っているから、国益のためにも「在日」は排除せよなどと主張する人が時々いますが、彼らが「在日」と認定している政治家の多くは、出自的には、朝鮮半島とは無関係です。

実際、北朝鮮による日本人拉致《らち》事件に関して、社会民主党の党首、土井たか子は「在日朝鮮人で本名は李高順」だから北朝鮮寄りの姿勢を取っていたなどとする記事を掲載した雑誌は名誉棄損で訴えられて敗訴。一審判決は「明らかに虚偽」と断じています。（もちろん、彼女の出自がどうあれ、拉致事件に関して、北朝鮮を擁護し続けていた土井の言動は決して免責されるものではありませんが）

したがって、単なる思考実験や娯楽の物語として陰謀論を語ることは個人の自由かもしれませんが、その域を超え、陰謀論が社会的に影響力を及ぼすようになるのは非常に危険です。その最も悲惨な実例が、ユダヤ陰謀論とナチス・ドイツのホロコーストだったことは周知のとおりです。

第二次大戦によりナチス・ドイツは崩壊し、陰謀論に基づく反ユダヤ主義は非難されるべき言説として明確に否定されましたが、現在なお、欧米社会の底流には根強く残っています。

そこで、第一章では、ユダヤ陰謀論と現代政治の関係を考える例として、ブレグジット（英国のEU離脱）とトランプ政権の親イスラエル政策についてご説明します。

ついで、第二章では、陰謀論者たちが「ユダヤの金融支配の象徴」とみなすことが多いFRB（アメリカの中央銀行に相当する連邦準備制度理事会）とユダヤ系資本との歴史的な関係についてまとめました。

また、社会主義・共産主義をユダヤ陰謀論と結びつける言説も多いので、第三章ではマルクス（主義）とユダヤ人との関係を、第四章ではソ連とユダヤ人の関係を、それぞれまとめました。

また、ユダヤ人と並んで、陰謀論の主体とされることの多いコミンテルンについても、第五章でまとめています。

そして、最後の第六章では、現代ユダヤ人とパレスチナのつながりを否定するユダヤ人ハザール起源説についても、その歴史的背景と問題点を指摘しました。

本書をお読みいただければ、いわゆるユダヤ陰謀論がいかに荒唐無稽《こうとうむけい》なものであり、歴史的に社会を蝕《むしば》んできたか、十分におわかりいただけるはずです。

そして、そこから、ユダヤ陰謀論以外のさまざまな陰謀論に取り込まれないよう免疫をつけ、読者の皆さんのリテラシーを向上させることにいささかなりともお役に立つことができれば、筆者としてはこれに勝る喜びはありません。

みんな大好き陰謀論

ダマされやすい人のためのリテラシー向上入門——目次

第四章　ソ連はユダヤ人が作った⁉

第五章　コミンテルンはユダヤによる世界支配の手段!?

第六章　東欧のユダヤ人はハザール改宗ユダヤ人の末裔《まつえい》!?

第一章　英国のEU離脱はロスチャイルドの陰謀!?

キリスト教の反ユダヤ主義

陰謀論 **英国のEUからの「合意なき離脱」は、ロンドンを拠点にしているロスチャイルド家の意向であり、彼らは欧州連合（EU）を破壊するつもりである。**

何か問題が起こるとすぐに「ユダヤの陰謀」と言う人が出てきますが、英国のEU離脱（ブレグジット）(注)とそれをめぐる混乱についても、ユダヤの暗躍があるとの説があるようです。

日本では、〝ユダヤの陰謀〟という場合、いわゆるオカルトの類が多いと思いますが、中には、当人たちの意識では〝世界的に成功しているユダヤ人〟をポジティヴに考え、むしろ称揚したつもりになっているケースさえ見受けられます。これに対して、欧米のキリスト教文化圏で蔓延《まんえん》しているユダヤ陰謀論は、明らかに、反ユダヤ主義をベースにしています。

そこで、まずはキリスト教とユダヤ教の関係について、そのルーツにさかのぼって簡単にまとめておきたいと思います。

（注）英国のEU離脱（ブレグジット）：二〇一六年六月の国民投票で離脱賛成派が過半数を越えたが、その後も賛成派と反対派の対立が続き、最終的に離脱に至る二〇二〇年二月まで、三年半もかかった。Britain（英国）とexit（退去、退場）を混合して、英国のEU離脱を意味するBrexit（ブレグジット）という造語が生まれた。

そもそも、現在〝キリスト教〟と呼ばれている宗教は、ナザレのイエス（一般に〝イエス・キリスト〟と呼ばれている人物）がユダヤ教の改革を試みたことがその原点で、イエス本人は、死ぬまで、自分はユダヤ教徒の改革者だと考えており、〝神殿から商人を追い出す〟ことに失敗し、政治犯として磔刑《たっけい》に処せられました。

イエスや弟子の多くは下層階級の出身で、イエスが「貧しい者・差別されている者こそ、救われる。男女や身分の上下や、民族の別なく、救済がある」と説く過程で、既存のユダヤ社会、特に、富裕なユダヤ商人に対する嫉妬《しっと》・反感が醸成されていったことは間違いありません。ただし、言うまでもないことですが、ユダヤ人のすべてが商業・金融業者だったわけではなく、実際には、貧しいユダヤ人やユダヤ人農民も大勢いました。

イエスの死後、彼の教団を拡大するうえで重要な役割を果たした使徒パウロは、〝異邦人（非ユダヤ人）への布教〟を掲げ、「絞め殺した動物、血、偶像礼拝、不品行」を避ければ、割礼《かつれい》や食事制限など、ユダヤ教徒に課せられていた律法の義務の多くは必ずしも遵守しなくてもよいとして、異教徒からの改宗のハードルを大きく下げました。肉体に物理的な割礼を施さなくても、信徒として〝心の割礼〟を行えば十分と主張したのです。

さらに、西暦九〇年頃、ユダヤ教のラビたちが議論を通じてヘブライ語聖書の聖典が確定していった過程で、いわゆる『七十人訳聖書』は聖典として正当なものではないと結論付けられます。

この『七十人訳聖書』は、当時のキリスト教徒たちが主に使っていたテキストで、ほぼ『旧約聖書』のギリシャ語訳なのですが、一部は、ヘブライ語文献に由来しない文書も含まれていました。以後、キリスト教はユダヤ教の改革派としてではなく、ユダヤ教と袂《たもと》を分かち、まったく別の宗教として歩んでいくことになります。

ところで、ローマ帝国はユダヤ教とならんでキリスト教も危険思想として弾圧・迫害しましたが、それは、これらの一神教が〝天地万物の創造主にして唯一絶対なる神〟を信仰し、ローマの伝統的な多神崇拝を否定したからです。特に、キリスト教が改宗のハードルを下げて地中海世界に拡大していったことは、ローマ帝国のさらなる迫害を招きました。しかし、一種カルト的な結びつきのあった信徒たちは、迫害をバネにかえって団結を強め、帝国の領内ではキリスト教がさらに拡散していくことになります。

キリスト教の拡散は一向に止む気配がなかったため、西暦四世紀にはいると、ローマ帝国はキリスト教徒を取り込むことで帝国を安定化させる方向に路線を変更します。

三一三年、コンスタンティヌス帝はミラノ勅令を発します。キリスト教を含むすべての宗教の完全なる信仰の自由を保障したもので、キリスト教のみを対象としたわけではないのですが、これにより、禁教が解かれた宗教の信者はキリスト教徒が圧倒的に多かったため、一般には〝キリスト教公認〟とされています。

さらに、コンスタンティヌス帝は、キリスト教徒との宥和《ゆうわ》を進めるべく、キリスト教徒と対立していたユダヤ人の自治を制限する最初の勅令を発します。その際にユダヤ人を〝あの恥ずべき一派〟と罵倒《ばとう》したほか、三三九年には、キリスト教徒とユダヤ人との婚姻やユダヤ人がキリスト教徒の奴隷を所有することを禁止しました。

その後、帝国がキリスト教に乗っ取られることを懸念したユリアヌスなどによる揺り戻しはあったものの、ローマ帝国へのキリスト教の浸透は深まる一方で、三九二年には、テオドシウス帝による（キリスト教以外の）異教禁止令が発せられます。以後、商業・金融業を敵視するキリスト教の価値観が、コロヌス制（のち農奴制）と結びついた支配のイデオロギーになり、ヨーロッパに定着していきました。

こうした動きと並行して、キリスト教の神学者たちは、たとえば、マタイによる福音書二七章二五節（すると、民衆はみな答えて言った。「その人の血は、私たちや子どもたちの上にかかってもいい。」）などを根拠として、ユダヤ人に〝キリスト殺し〟の罪を負わせるロジックを組み立てていきます。

その概要は、以下のようにまとめることができるでしょう。

①ユダヤ教徒はイエスがメシアであることを認識できなかった。
②それは、彼らが頑なであり聖書から真理を読み取れなかったからである。

③それ故、彼らの宗教的儀式を拒否した神により彼らは断罪され見捨てられる。
④従って、彼らは新しい神の民であるキリスト教会によって取って代わられた。
⑤ユダヤ教徒たちが理解できなかった聖書はキリスト教徒のものとなり、キリスト教徒のみが聖書を正しく解釈できる。

さらに、古代キリスト教における最大の思想家で、カトリック教会の基本理念を確立したとされるアウグスティヌスは、その著『神の国』において、〝罪人〟としてのユダヤ人が存在することは、キリスト教の真理の証明になると主張。以後、こうした考え方が一〇〇〇年以上にわたってキリスト教世界を覆いつくし、現在に至るまで、西洋社会の根底には反ユダヤ主義が伏流し続けてきました。

左右の反ユダヤ主義

このように、西洋社会に抜きがたく染みついているがゆえに、ひとくちに〝反ユダヤ主義〟といってもその内実は多種多様です。ただし、あえて大まかに二分するなら、反ユダヤ主義とそこから派生するユダヤ陰謀論には、〝右派〟と〝左派〟があるといってもよいでしょう。

右派・左派の区分や定義もなかなか難しいのですが、本書では、とりあえず、〝右派〟については、「自分の属する共同体の伝統的な価値観や規範、慣習などを重視し、共同体の一体性・純粋性を強く求める傾向を持つ人々」としておきましょう。こうした傾向が極端に強くなると、マイノリティを差別・迫害し、（しばしば暴力を伴う）排外主義に走る〝極右〟になるわけで、そのイメージに最も合致するのがナチス・ドイツです。もちろん、ナチス・ドイツに限らず、キリスト教徒が多数派を占める国・地域では、ユダヤ人・ユダヤ教徒がマイノリティであることは疑いようのない事実ですから、彼らを排除したいと考えている人々は（自らそうした意思を表明するかどうかは別として）一定の割合で必ず存在します。一般的な反ユダヤ主義のイメージに合致するのは、こうした右派の反ユダヤ主義です。

これに対して、〝左派〟は〝右派〟の逆、すなわち、「人間は平等であり、全世界は普遍的な価値観の元に統合されるべきで、共同体の伝統的な価値観や規範、慣習などに合理的な根拠が見いだせなければ積極的に変更すべきと考える人々」となります。その典型が社会主義者・共産主義者です。

社会主義・共産主義と〝ユダヤ〟の関係については後述しますが、彼らの重要な主張の一つに反資本主義があります。この文脈で、資本主義は悪であり、その資本主義を牛耳っているのはユダヤ人だから、ユダヤの国際金融資本はけしからんという論調が出てくるわけです。

ユダヤの国際金融資本として誰もがイメージするのは、英国を拠点とするロスチャイルド財閥でしょう。ちなみに、しばしば混同されていますが、モルガン、メロンと並ぶアメリカ三大財閥のひとつ、ロックフェラーの祖先（の一部）はフランスのユグノーで、一七世紀にドイツに逃れてプロテスタントの一派バプテストとなった家柄で、ユダヤ人・ユダヤ教徒ではありません。

本章で取り扱う英国の財閥、ロスチャイルド家について、簡単にまとめておくと次のようになります。

もともと、ドイツのフランクフルトのゲットー（ユダヤ人の隔離地域）出身で、古銭商を営んでいたマイヤー・ロートシルト（一七四四〜一八一二）は、後にヴィルヘルム九世となるヘッセン＝カッセル方伯《ほうはく》家の嫡男を顧客として抱えていました。

ヴィルヘルムは英国相手の傭兵《ようへい》業で巨利を得た人物で、一七六九年、マイヤーは彼の宮廷御用商として、英国振出の為替手形の一部を割引く仕事を請け負います。為替の割引そのものは大した利益になりませんでしたが、マイヤーは英国（植民地を含む）からの商品の輸入で成功を収め、ヴィルヘルム九世と金融機関（ベートマン家、リュッペル・ウント・ハルニエル）などの仲介も担当するようになりました。

こうした実績を基に、フランス革命が勃発《ぼっぱつ》した一七八九年、ヴィルヘルム九世は、マイヤーをヘッセン・カッセル方伯家の正式な金融機関の一つに指名します。以後、マイヤーは宮廷による対外借款、投資事業にも参加し、活動範囲も拡大していきます。

一七九九年、ナポレオン戦争で大陸と英国の貿易ルートが途絶し、ドイツで綿製品が不足すると、ここに目をつけたマイヤーは、マンチェスターから綿製品を安く買い付けて販売して莫大《ばくだい》な利益を上げ、一八〇三年には宮中代理人の称号を与えられました。

そして、一八〇四年、ロンドンのシティでN・M・ロスチャイルド（ロートシルトの英語読み）&サンズを創設し、金融業を開始。さらに、一八〇六年、フランス軍がヘッセンに侵攻し、ヴィルヘルム九世が国外亡命を余儀なくされると、マイヤーは宮廷財産の管理権・事業権を委託され、ヨーロッパ中から債権を回収して投資事業に転用し、莫大な利益を上げるとともに、独自の通商路・情報網も確保します。

さらに、同年、ナポレオンが大陸封鎖令を発すると、英国との密輸（コーヒー、砂糖、煙草、綿製品など）で巨額の利益を得ただけでなく、英国が反仏同盟国に送る軍資金の輸送を担当し、ヨーロッパ随一の金融資本家としての地位を固めました。

マイヤーは一八一二年に亡くなりますが、その後、フランクフルトの事業は長男アムシェルがすべて継承。次男のザロモンがウィーンに、三男のネイサンがロンドンに、四男のカールがナポリに、五男のジェームズがパリに分家を創設し、相互連絡のため、独自の駅伝網が作られます。

このうち、ロンドンのロスチャイルド家の当主だったネイサンは、一八一五年のワーテルローの戦いで、いち早く情報をつかんでポンド（正確にはポンド債券）の空売りと買い戻しで巨額の利益を上げる〝伝説〟を生み出しました。

英国が勝つことを察知したネイサンが英国の公債を買う。すると、周囲の人々もそれにつられて買いに走ります。その後、大量に空売りを浴びせ、人々に「英国が負けた？」と思わせます。市場が半信半疑のうちに、ネイサンがポンド公債をさらに売って売って売りまくると、公債を持っている人々が「これはまずい」と一斉に売り始め、市場は暴落。その底値になったところで、ネイサンが大量に公債を買い込み、買いきったところで、ちょうど「英国勝利」のニュースが舞い込む。そこで買い注文がまた入る、という具合です。

こうしたネイサンのあこぎな儲け方が、狡猾《こうかつ》なユダヤ人金融家というイメージを広める一因となったことは否定できません。

ただし、これはあくまでもネイサンという一人の天才の例外的な成功物語で、このことをもってユダヤの金融資本が国際社会を牛耳っていると即断するのはあまりにも安易です。

さらに、左派系の反ユダヤ主義には、イスラエル国家の問題も絡《から》んでくるので話は複雑です。

一九四八年五月にイスラエルが建国を宣言して以来、パレスチナの地を巡るアラブ諸国とイスラエルの紛争は、当初は、米ソの冷戦とは無関係のものでした。

ところが、一九五六年、エジプト大統領のナセルは、アスワン・ハイ・ダムの建設資金を確保するため、スエズ運河の国有化を宣言。これに対して、国有化を阻止しようとする英仏がイスラエルとともに干渉戦争を起こしました。第二次中東戦争（スエズ動乱）です。

このときは、国際世論の圧力もあって英仏は撤退しましたが、ナセル政権はソ連の支援を得てアスワン・ハイ・ダムを建設し、ナセルを支持するアラブ民族主義者たちはこぞって親ソ派となりました。このため、アラブ世界へのソ連の浸透を防ぐため、アメリカは必然的にイスラエルの支援を増大させ、アラブとイスラエルの対立も東西冷戦の文脈へと組み込まれていきました。

さらに、一九六七年の第三次中東戦争で、イスラエルがヨルダン川西岸とシナイ半島、ゴラン高原、ガザ地区などの広大な地域を占領すると、国連安保理はイスラエルの占領地からの撤退を決議しました。しかし、イスラエルはこれを無視して占領地に居座り続けました。（後に、シナイ半島全域とゴラン高原の一部は、それぞれ、エジプトとシリアに返還されますが）

こうしたことから、〝弱者の味方〟を標榜《ひょうぼう》する欧米の左派勢力がアラブ諸国を支持するとともに、イスラエルとその後援者ともいうべきアメリカを非難するという構図ができあがります。具体的には、「イスラエルは国際金融資本を牛耳るユダヤ人の国だ。さらに、イスラエルは国連決議を無視してパレスチナを圧迫しているから、正義はアラブにあり、イスラエルは悪である」という論法です。

ところが、「イスラエル＝悪」と一方的に決めつけるリベラルの論調に対しては、人種差別に反対する別のリベラル勢力から〝反ユダヤ主義〟との批判が浴びせられ、議論がますます錯綜《さくそう》していきます。

たとえば、アメリカ民主党の女性下院議員イルハン・オマルは、ソマリア出身のムスリムで、マイノリティの権利擁護に関しては急進派ともいうべき主張を展開しています。しかし、彼女は、反イスラエル色を鮮明にし、ワシントンの親イスラエル派の有力なロビー団体がアメリカの政治に影響力を振るっていると常々批判していることから、しばしば、〝反ユダヤ主義者〟と評されています。これなどは、左派の反ユダヤ主義の典型といってよいでしょう。

いずれにせよ、欧米社会に脈々と流れている反ユダヤ主義の感情は、ふとしたきっかけで、政治的・社会的な大事件について、ユダヤの陰謀だという風説につながります。

英国でも根強い反ユダヤ主義

ここで、二〇二〇年二月六日付の「タイムズ・オブ・イスラエル」紙（ウェブ版）に掲載された、興味深い調査報告をご紹介しておきましょう。

英国には、反ユダヤ主義によるヘイトクライム（憎悪犯罪）の実態を調査し、ユダヤ系の人権保護活動を行っているコミュニティ・セキュリティ・トラスト（Community Security Trust：CST）という組織があります。CSTがグーグルの検索状況を調査したところ、英国では「反ユダヤ主義」の検索件数は年間約一七万件で、そのうちの一〇％が「ユダヤ人を殺せ！」などの暴力的な表現です。

また、検索頻度は時間帯によって差があります。二〇〇四〜一八年にわたる調査結果によると、反ユダヤ主義的なワードの検索は、深夜の二時から三時にかけて頻度が増します。そして、同じ英国国内でも地域差があり、ウエールズでの検索が多く、スコットランドは少なめです。ちなみに、ウエールズはブレグジット賛成派が多く、スコットランドは反対派が多い地域です。

また、ユーロヴィジョン・ソング・コンテスト(注)でイスラエル代表が優勝したことがあるのですが、このときも反ユダヤ主義の検索が増加しました。

このほか、毎年ホロコースト記念日には「ホロコーストはなかった」のようなホロコースト否定論、反ユダヤ主義、ユダヤ陰謀論に関する検索が、それ以外の日より三〇%増加する傾向があります。

さらに、二〇一六年六月、英国のＥＵ離脱（ブレグジット）の是非をめぐる国民投票が行われた際には、直前の五月から二〇一七年にかけて、ロンドン圏とマンチェスター圏を中心に、毎月一〇〇件以上のヘイトクライムが発生し、年間でのヘイトクライムの発生件数は一三〇九件にものぼりました。

(注) ユーロヴィジョン・ソング・コンテスト：新人アーティストによる国別対抗のコンテスト。一九五六年以降、毎年開催され、各国代表が歌を競い合う。「ユーロ」がついているが、ヨーロッパ以外の国の代表も出場している。ヨーロッパではそれなりに話題性があり、アバやセリーヌ・ディオンのように、ビッグネームに成長した優勝者もいるが、多くの場合、優勝者は〝一発屋〟で終わることでも有名。

上りました。これは過去最多だった二〇一四年の一一八二件を上回り、過去最高の数字です。

英国には、このような社会的、心理的な傾向があって、何か事件が起こると、潜在する反ユダヤ主義が一挙に吹き出して、「それはユダヤのせいだ」と言い出す土壌があるのです。

フェイスブックの「いいね」で議員生命を失う

反ユダヤ主義は英国の大きな政治的争点になることもあります。

二〇一六年四月、「反ユダヤ的」な発言が英国労働党内で相次いで、物議を醸しました。パキスタン系の労働党下院議員ナズ・シャーがフェイスブックで「イスラエル・パレスチナ紛争の解決方法―イスラエルをアメリカ合衆国に移動」と題し、アメリカの地図にイスラエルの地図を重ねた図を「問題解決」とコメントしてシェアしていたことが発覚したのです。当のコメントおよびシェアは二〇一四年、彼女が議員になる前の行動だったのですが、二年後の二〇一六年に反ユダヤ主義的であるとして問題となりました。シャー議員は謝罪したものの、結局、党員資格および議員資格停止となりました。

しかも、話はこれで終わらず、元ロンドン市長のリビングストンが「これは反ユダヤ主義とは思わない」とシャー議員を擁護します。リビングストンはさらに軽率なことに、「ヒトラーが一九三二年の選挙に勝利したとき、ユダヤ人はイスラエルに引っ越すべきだと述べていた」「ヒト

SOLUTION FOR ISRAEL-PALESTINE CONFLICT
RELOCATE ISRAEL INTO UNITED STATES
HIGHLIGHTS
- Israelis are most loved by Americans.
- Americans will welcome Israelis with open arms into their homes.
- America has plenty of land to accommodate Israel as its 51st state.
- Israel can have a real safe Jewish state surrounded by friendly states.
- America will no longer have to spend $3 billion tax payer money per year for Israel's defense.
- The transportation cost will be less than 3 years of defense spending.
- Palestinians will get their land and life back.
- Middle East will again be peaceful without foreign interference.
- Oil prices will go down, inflation will go down, whole world will be happy.
PEACE

ナズ・シャーがシェアした「イスラエル・パレスチナ紛争の解決方法―イスラエルをアメリカ合衆国に移動」のイラスト

ラーは、発狂して六〇〇万人のユダヤ人を殺害する前、シオニズムを支援していた」などと言ってしまい、彼もまた党員資格停止となりました。

現在のイスラエル国家の政策を含め、ユダヤ人に対する一切の批判を許さないという姿勢にはたしかに問題があり、そこから、行き過ぎた〝言葉狩り〟が横行しているという面は否定できません。しかし、第二次大戦後のヨーロッパは、ナチス・ドイツを打倒して民主主義が勝利したというのが大前提の建前ですから、シャーやリビングストンの不用意な発言は、ヨーロッパ社会ではヒトラーを擁護していると受け取られかねず、そこから「反ユダヤ主義だ」と批判されてしまうのです。ちなみに、このときもグーグルでは反ユダヤ主義的な検索が七九％増加しています。またユダヤ人の「ロスチャイルド家」に関する検索も二〇一六年から二〇一八年の三年間で三九％増加しました。

さらに、シャーとリビングストンの事件は、英国のＥＵ離脱をめぐって労働党と保守党が対立していた時期と重なっていたことで、問題がより複雑化します。

すなわち、保守党はブレグジットに賛成、労働党は反対もしくは慎重という姿勢でしたが、もともと、労働党のジェレミー・コービン党首本人は全面反対ではなく、現実的に〝合意ある離脱〟を目指すという穏健な立場を取っていました。しかし、保守党への対抗上、最終的に党としてはブレグジット反対に舵《かじ》を切ります。

こうした中で、コービン党首は度重なる党員の反ユダヤ発言問題に関して調査委員会を立ち上げたものの、有効な対策を提示できなかったため、反コービン派からは「コービンは反ユダヤ主義の撲滅に力を注いでいない。実は隠れ反ユダヤ主義者ではないのか」という声が上がります。

逆に陰謀論者の立場からすると、「コービンや労働党を『反ユダヤ主義だ』と叩く勢力の背後にはユダヤの陰謀がある」ということになり、ネット上の反ユダヤワード検索が増えるという現象をもたらします。

こうして「ブレグジットはユダヤの陰謀」と言われる土壌が培《つちか》われていったのです。もっとも、保守党の中に右派的な、すなわち、人種差別的な反ユダヤ主義も根強いので、労働党とコービンをことさらに〝反ユダヤ主義〟と批判するのは、かなり無理筋でもあるのですが。

英国は慢性的ブレグジット症候群

もっとも、「ブレグジット」という言葉こそ新しいですが、そもそもEUの前身であるEC（欧州共同体）に英国が加盟するのかどうかは、当初から大問題でした。結局、英国は一九七三年にECに加盟しますが、その後も国内には、「このままでは大陸ヨーロッパに飲み込まれてしまう」という危機感、「加盟しないほうがよかったんじゃないか」という声が常にありました。

英国における反ECの主張は、当初は、むしろ左派である労働党が、資本主義批判ないしグローバリズム批判の路線で離脱を唱えていました。実際、サッチャー政権時代の一九八三年の選挙で労働党は、ECからの「完全離脱」を主張しています。しかし、このときの選挙で労働党は負けてしまいました。

その後、一九八五年に欧州単一市場と域内の政治協力を正式に決めた〝単一欧州議定書〟がEC内で採択され、翌一九八六年の調印を経て、一九八七年から発効します。この議定書が欧州共同体（EC）から後の欧州連合（EU）にステップアップするひとつの土台になりましたが、サッチャー政権は国民投票なしに議定書を批准しました。

さらに、一九八九年一一月にベルリンの壁が崩壊し、翌一九九〇年一〇月には東西ドイツが統一されます。東西冷戦が終結に向かうまさにこのタイミングで、英国は欧州為替相場メカニズム（ERM）に加わります。ERMではそれぞれの通貨の為替相場変動幅が一定枠内に固定されるので、加盟国は独自の通貨政策を取れません。ERMそのものは一九七九年からあり、当初、ドイツマルクに固定されることを嫌った英国は加入を見送りましたが、統一ドイツの誕生という欧州の大変動を受けて、加入せざるを得なくなった格好です。サッチャー自身は欧州連合の構想に対して懐疑的だったこともあり、これが保守党分裂の火種になり、党内をまとめきれなくなった〝鉄の女〟は首相辞任に追い込まれました。

はたして、一九九二年九月、通貨投機の圧力を受けて、ポンドの為替レートが急落し、いわゆるポンド危機が起こると、結局、英国はＥＲＭを脱退して通貨政策の独自性を回復しました。

こうした混乱の中、一九九三年、ついに欧州連合（ＥＵ）が発足。経済連合から政治連合へと進化しました。さらに、一九九九年一月に加盟国のうち一九ヵ国で共通通貨ユーロが導入されますが、結局、英国はユーロ圏に入りませんでした。

ところで、ＥＵ発足の前年にＥＵの創設を定めたマーストリヒト条約が調印されています。デンマーク、フランス、アイルランドは、このマーストリヒト条約を批准するために国民投票をしました。これに対して、英国は国民投票を行っていません。憲法の慣例上、議会主権にしたがって、マーストリヒト条約の批准は、国民投票の対象外だというのが、当時の英国政府の説明ですが、これが話をこじらせます。国家の大幅な主権の変更に関わってくる問題について国民投票が行われなかったので、民意が無視されたとの不満が反ＥＵ派の中から出てくるのです。

ここから、国民投票党と独立党が生まれました。国民投票党は数年で解散しますが、独立党は残ります。「英国は再び、直接かつ唯一英国の有権者が責任を負う議会によって有権者の必要に応じて定められた法律によって支配されるべきだ」が党の基本理念です。

早い話が「もう一回、独立を取り戻すべきだ」という独立党、これが二〇一〇年代にはＥＵ加盟継続の是非を問う国民投票の実施を訴えて党勢を拡大していきます。

二〇〇四年の欧州議会議員選挙では二七〇万票という英国国内分の一六・八％の票を獲得し、

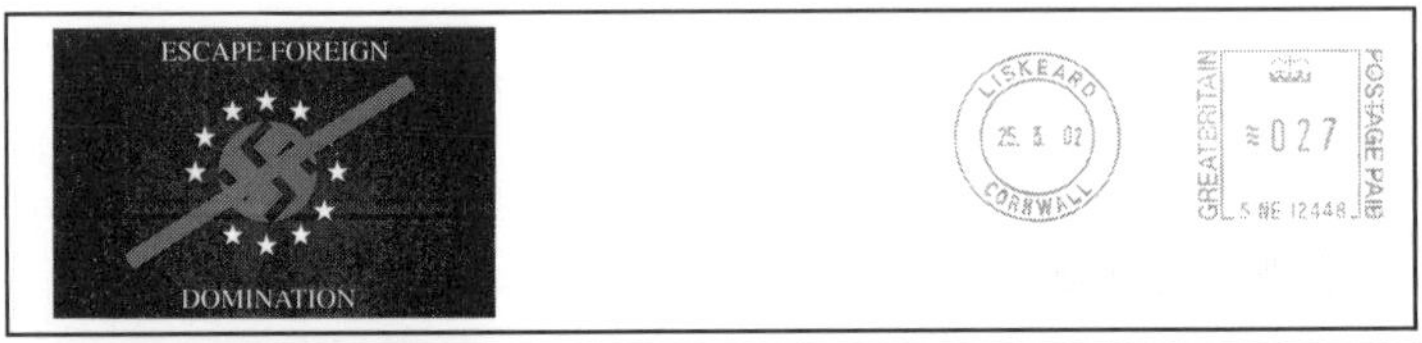

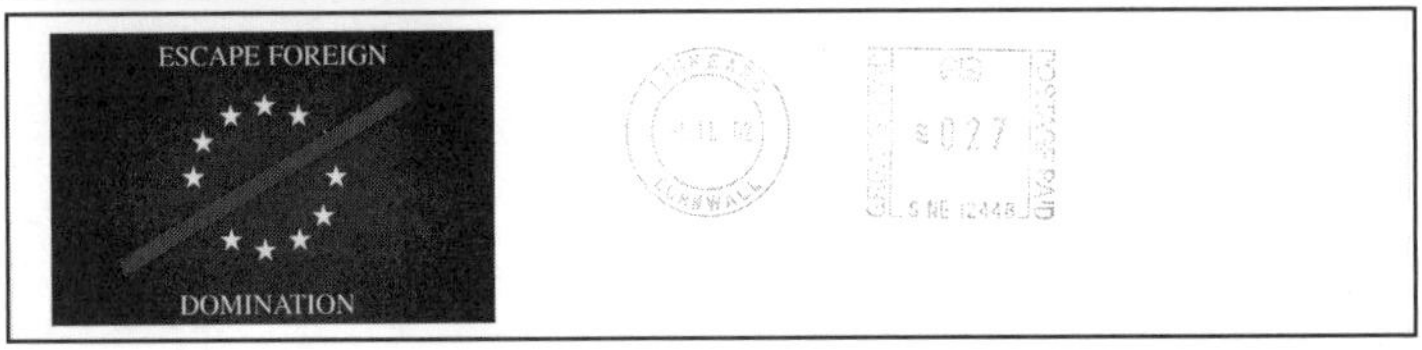

英国の反 EU 派が作った宣伝封筒を使って差し出された 2002 年の郵便物（部分）。当初は、“外国の支配は避けよう”とのスローガンと、EU の紋章の中央にナチスの鉤十字を配置し、これを斜線で否定するデザインだったが（上）、鉤十字を使ったことにはさすがに批判があったため、後に、鉤十字を除いたデザインに変更されたものが使用された（下）。

欧州議会において一二議席を得ます。もっとも、二議席は詐欺疑惑の後に取り消され、一議員が内部抗争の末に離党するなど、この時点での独立党は、政党として未熟でしたが。

しかし、翌二〇〇五年の英国総選挙では独立党は六〇万三二九八票（得票率二・二％）を獲得。二〇〇八年四月に無所属の保守派議員であるボブ・スピンクが移籍してきたことで党は下院に初の議席を獲得（後離党）しています。

さらに、二〇〇九年の欧州議会議員選挙では、英国国内分のうち約一七％の票を獲得し、英与党の労働党を抑えて二位になり、二〇一三年の英国統一地方選挙では八議席から一四七議席へと躍進しました。

独立党の支持拡大を受けて、保守党のデビッド・キャメロンはEUに残留か離脱かについて国民投票を行うと約束してしまいます。キャメロン本人は残留派でしたが、二〇一六年の国民投票では離脱派が過半数となり、キャメロンは辞任に追い込まれてしまいました。その後、紆余曲折《うよきょくせつ》を経て、現在のブレグジットに至ったのです。

ブレグジット賛成派の心情を説明したものとしては、日本メディアの質問を受けたある英国人の回答が秀逸です。

「ＥＵは嫌だよ。日本の国会が北京にあって、最高裁がソウルにあったら、君たちだって嫌だろう？」

非常にわかりやすいコメントで、我々日本人にとっても大いに説得力があります。

要するに英国は慢性的なブレグジット症候群の国だったのです。

ブレグジットで資本家が儲かる？

陰謀論　**ブレグジットによる混乱で益するのは英国でも、ドイツ、フランスその他のＥＵ加盟国でもなく、ロスチャイルド家をはじめとする資本家である。**

「孤高が一番」の英国で、ブレグジットがユダヤの陰謀であるかのように言われる、もうひとつの理由は、他人より正確に政治経済界の見通しを予測できれば、大儲けができるからです。

ここで、ネイサン・ロスチャイルドがワーテルローの戦いに際してポンド債券の売買で巨額の利益を得たというエピソードを思い出してください。そのイメージから、戦争と直結する武器取引や掠奪《りゃくだつ》よりも通貨のインサイダー取引のほうがはるかに簡単に儲かる、だから、社会変動の背後にはユダヤの陰謀があるのでは……という論調が生まれてきます。

今回のブレグジットに関しても、「あらかじめ英国の国民投票でEU離脱が可決されることがわかっていれば、FXでも英国債の売却でも、とにかく大量のポンドをユーロに換えておくだけで一夜にして莫大な利益を得ることができる。そのためには世論をブレグジットに向けて誘導する影響力と、投票が締め切られるよりも前の段階での出口調査などにより、誰よりも早く結果を知っておく必要がある。そのような正確な予測情報を持っているのは、ロスチャイルドだ」という陰謀論がまことしやかに語られていました。その背景にはそうした事情があるのです。

しかし、仮にロスチャイルド系の金融機関（スイスを拠点にするエドモンド・ド・ロスチャイルド銀行、ロンドン及びパリのロスチャイルド家が共同所有する持株会社のロスチャイルド&カンパニー、ロンドンを拠点とする投資信託のRITキャピタルパートナーズなど）がブレグジットの際、為替その他の相場で儲けていたとしても、現時点では、それがインサイダー情報を基にしているという確実な証拠はありませんし、根拠を示した説得力のある報告もなされていません。

ただ単に、ロスチャイルド系の金融機関の調査・分析能力が優れており、その結果として彼らの予測が当たって巨額の利益を得たというのであれば、それは金融機関として称賛されることであっても、非難には値しません。少なくとも、社会的に責任ある立場の人たちが、公の場で、相手がユダヤ人だというだけで憶測を基にロスチャイルドを攻撃しているとしたら、やはり根拠のない陰謀論として軽蔑《けいべつ》されるでしょう。

ユダヤ系の資本家や金融機関が、ブレグジットの混乱の中で、相場その他で儲けるということは十分にあり得る話ですが、ブレグジット自体は前述のように英国人の問題ですし、すべてをユダヤの陰謀とするのは、かなり無理があります。

なお、ワーテルローの戦いの際のネイサン・ロスチャイルドのやり方は、たしかに、あこぎなものとして眉を顰《ひそ》める人も多いでしょうが、ロスチャイルド家は決して因業な守銭奴だったわけではなく、ユダヤ社会のために多額の出費をしています。

たとえば、ネイサンの父、マイヤーの時代、フランクフルトのユダヤ人は〝ゲットー〟と呼ばれる隔離地域での居住を強制されていました。ところが、ナポレオン戦争時の一七九六年、フランス軍の砲撃により、ゲットーが炎上・焼失したことで、結果的に焼け出されたユダヤ人はゲットーから〝解放〟され、ユダヤ人とキリスト教徒は物理的に〝共存〟せざるを得なくなりました。

その後、一八〇一年にフランス軍がリュネヴィル条約でライン左岸を併合すると、ユダヤ人を含む全住民にフランス市民権と同等の権利が与えられましたが、フランクフルト市参事会はゲットーの全面廃止を否決し、ユダヤ人に平等の市民権を与えることを拒否します。そんな市参事会を金の力で黙らせたのがマイヤーです。成功者として出すべき金は出して仲間を助け、利益を社会に還元していたのです。

いずれにせよ、ロスチャイルド家はユダヤ人ですが、特別な事例です。ロスチャイルド、そのなかでもマイヤーとネイサン父子が突出した存在であったというべきで、それを一般のユダヤ人に敷衍《ふえん》するのは、「日本人はみんな空手や柔道の達人だ」といった誤ったステレオタイプを信じるようなものです。

トランプ支持者はユダヤより福音派（エヴァンジェリカル）

「ブレグジットとユダヤの陰謀」は、複雑な経路をたどってアメリカ大統領であるトランプとユダヤの陰謀にもつながっていきます。

陰謀論　トランプはユダヤの意を汲んでEUと中国を破壊しようとしている。

「『合意なき離脱』は、ロスチャイルド家の意向であり、彼らはEUを破壊するつもりだ。ロスチャイルド家は、モルガン家やゴールドシュミット家とも親密で、ウィルバー・ロス（現アメリカ商務長官。元ロスチャイルド・プライベート・エクイティ・ファンドマネージャー）やフィデリティ・インベストメンツと実業家時代のドナルド・トランプを支援した」というわけです。

しかし、トランプの支持者にユダヤ系の富豪が何人かいることは事実ですが、トランプがユダヤの支持で当選したと考えるのは明らかな間違いです。

まず、二〇一六年のアメリカ大統領選挙におけるユダヤ票の行方を見てみましょう。ヒラリー・クリントンに七一％、ドナルド・トランプに二四％でした。なお、これは、自分がユダヤ人であると表明して出口調査に応じた人のデータです。二〇一二年にオバマが再選されたときは、オバマに六九％のユダヤ人が票を入れていますから、民主党候補者ヒラリー・クリントンへの支持率は、このときからあまり変わっていません。アメリカのユダヤ人は、基本的に民主党支持です。共和党支持者の割合は常に低く、オバマの対立候補であった共和党候補ロムニーも三〇％しか得ていません。しかし、トランプは、そこからさらに六％も落としています。ただでさえユダヤ人に支持されない共和党ですが、トランプは特に人気がないことがわかります。

そんなトランプがなぜ親イスラエルの姿勢を取るのでしょうか。娘婿(注)がユダヤ人だから？　しかし、それを言うなら、クリントン夫妻の娘、チェルシーも保守派ユダヤ教徒の実業家、マーク・メッツビンスキーと結婚しています。そんな単純な身びいきでアメリカ大統領は務まりません。

実は、アメリカユダヤ社会では、近年はイスラエルの〝右傾化〟への批判が高まっています。

(注)　トランプの娘イヴァンカの夫はユダヤ人実業家ジャレット・クシュナー。イヴァンカもユダヤ教に改宗している。

イスラエルの〝右傾化〟とは、一九九三年のオスロ合意後も結果的に中東和平が実現せず、軍事衝突・テロの継続・拡大（二〇〇〇年の第二次インティファーダ、二〇〇六年のヒズボラとの第二次レバノン戦争、二〇〇八年以降のガザでのハマスとの軍事衝突など）により、強硬派が政治的発言力を急速に拡大していったことを言います。

アメリカで生まれ育った〝リベラル〟なユダヤ人（の若者）は、こうしたイスラエルに対して否定的な感情を持つケースも少なくありません。二〇一三年にピュー・リサーチ・センターがアメリカ国内で実施した世論調査では、「イスラエル政府は和平実現のために努力しているか」との問いに対するユダヤ社会でのＹＥＳの割合は、五〇歳以上では四三％（それでも過半数には届きません）でしたが、一八～二九歳では二六％しかありません。

また、二〇一八年七月に改正されたイスラエルのユダヤ国民国家基本法では、イスラエル国籍を保有するパレスチナ・アラブ人が人口の二割を占める現状の中で「イスラエルはユダヤ人の民族国家である」と規定しています。これに対して、同法案が議論されていた二〇一六年の時点で、在米ユダヤ社会は、保守・リベラルの政治的立場を超えて、同法は民主主義や平等の原則と相いれないとして、強く反対しています。

もちろん、巨額の政治献金を行うメガ・ドナーの中には、ラスベガスのカジノ王、アデルソン夫妻をはじめ、イスラエルへの絶対支持を表明するユダヤ系の富豪が少なからずいることは事実ですが、彼らはアメリカのユダヤ社会の中ではどちらかというと少数派です。むしろ、トランプ政権の親イスラエル政策は、福音派（エヴァンジェリカル）と呼ばれるキリスト教保守派の影響が強いとみるのが妥当です。

アメリカ合衆国は、もともと、ヨーロッパで迫害を受けていたプロテスタント諸派が中心になって作った国ですが、一九二〇〜三〇年代になると、プロテスタントは「進化論」などの近代科学を受け入れる近代主義者と、受け入れない原理主義者に分裂。両派の対立の中で、原理主義派は、人間による社会改良は不可能で、ただ悔い改めてキリストの審判を待つしかないとの立場を取って多数派から孤立し、近代主義派が次第に主導権を握るようになりました。

その過程で、当初は原理主義に共鳴し、主流派（＝近代主義派）とは距離を置いていた保守派の中から、原理主義派の極端な思想について行けず、原理主義とも別の〝（新）福音派〟を名乗り始めるグループが生まれてきます。

こうした経緯で発生した福音派は〝保守的な信仰理解を共有する教派横断的集団〟という性格が強く、個々人の所属する教会や教派、組織などによって規定されるものではありません。ただし、おおむね「聖書は（たとえ話ではなく）神の言葉そのもので歴史的事実」という信念を掲げ、成長してから自分の信仰心を確認するボーン・アゲイン（成人後の衝撃的な体験で信仰に目覚める回心）体験を重視するという点では共通しています。

一九六〇年代後半の公民権運動によってマイノリティの権利が重視される（WASPの権利の制限と彼らは理解しました）ようになっただけでなく、一九七〇年代以降、「公立学校における祈りの非合法化」や「中絶の合法化」といった判決が出され、アメリカ社会のリベラル化が進むと、それに対する反発から、福音派が勢力を伸ばし、教会を超えて社会全体にまで影響力をもつようになっていきます。

二〇一六年の大統領選挙では、福音派の八一％がトランプに投票をしていて、ヒラリー・クリントンに投票したのは一六％だけです。ブッシュ・ジュニアが当選した二〇〇四年の大統領選挙では、ブッシュが七八％、民主党の対立候補ケリーが二一％得票しています。つまり、数字を比べると、ユダヤ人が民主党を支持する以上に、福音派は共和党を支持しているのです。そして、福音派の支持率はブッシュのときに比べても微増し、八〇％を超えました。

前記のような事情で、福音派の範囲を厳密に確定することは難しいのですが、アメリカの人口約三億人のうち、福音派の人口は少なく見積もっても四分の一はいるとみられています。

これに対して、ユダヤ教徒／ユダヤ人は二％で六〇〇万人。一般有権者の投票率が半分程度であるのに対し、ユダヤ人の投票率は、ほぼ一〇〇％に近いので、実際に投票する人の中での割合は四％ぐらいに上昇しますが、それでも少数派です。日本に例えるなら共産党や公明党の組織票と同じくらいとみてよいでしょう。キャスティング・ボートには十分になりえるので、それなりに尊重しなければならないとはいえ、福音派の比ではありません。

当然のことながら、共和党およびトランプにとっては、ユダヤ票よりも、大票田である福音派の意向のほうがはるかに重要で、その福音派が親イスラエルである以上、親イスラエルの政策を取らざるをえない（少なくとも、反イスラエルの政策は取れない）という構図になります。

それでは、福音派がなぜ親イスラエルなのか、ということですが、聖書を文字通りに解釈しようとする彼らにとっては、神がユダヤ人にカナン(注)（現在のパレスチナ）を与えたとの記述は決定的に重要な意味を持っています。


主はアブラムに言われた。

「あなたは生まれ故郷、父の家を離れて、わたしが示す地に行きなさい。わたしはあなたを大いなる国民にし、あなたを祝福し、あなたの名を高める。祝福の源となるように。あなたを祝福する人をわたしは祝福し、あなたを呪《のろ》う者をわたしは呪う。地上の氏族はすべて、あなたによって祝福に入る。」

（注） 一三二年、ハドリアヌス帝の時代に、カナンの地はその名をペリシテ（古代パレスティナの民族）にちなんで、シリア・パレスティネンシスと改められ、エルサレムはコローニア・アイリア・カピトーリーナとなった。ユダヤ人はエルサレムに立ち入ることを禁じられる。（村松剛『ユダヤ人　迫害・放浪・建国』中公新書、一八一頁）

アブラムは、主の言葉に従って旅立った。……アブラムは妻のサライ、甥《おい》のロトを連れ、蓄えた財産をすべて携え、ハランで加わった人々と共にカナン地方へ向かって出発し、カナン地方に入った。

アブラムはその地を通り、シケムの聖所、モレの樫《かし》の木まで来た。当時、その地方にはカナン人が住んでいた。

主はアブラムに現れて、言われた。

「あなたの子孫にこの土地を与える。」

アブラムは、彼に現れた主のために、そこに祭壇を築いた。

（創世記一二章　一～七節）

聖書のこうした記述は、福音派からすれば、パレスチナはユダヤ人のものであるということの根拠としては十分なものといえます。

また、キリスト教では、世界の終わりにイエスが再臨し、世界を救うことになっています。これは、聖書の掲載箇所を明示できるものではなく、あくまで総合的な解釈なのですが、福音派は現在のアラブとイスラエルの争いは、預言が実際に成就されつつある兆しのひとつと捉らえています。ですから、現代のパレスチナ問題についても、聖書に基づいて次のように考えます。

「イスラエルでイスラム過激派がテロを起こしている。テロリストは悪魔である。世界の終末である今、イスラエルが奮闘して調伏しようとしている。つまり、神が定めた正義と悪魔の戦いであって、イスラエルをめぐる紛争は神があらかじめ預言していたことの証明だ。だから、イスラエルを支援しなければならない。なぜイスラエルのために、祈るのか。それは神が聖書を通じてイスラエルの支持と支援を命じているからである」

世界の終末にキリストが再臨してエルサレムを解放する。その舞台は、イスラエルという国があることで整ったと考えるのです。つまり、現代イスラエルはキリストが再臨する前提です。

そのため、「イスラエルを守ることはアメリカの中東政策にとって重要だ」と考えている人はアメリカ全体では三九％なのに、福音派では六四％もいるのです。「神が現在のイスラエルの国土をユダヤ人に与えたと思うか」という質問に対しても、「そう思う」と答えたのは、アメリカ社会全体では四四％なのですが、白人の福音派では八二％です。四四％でも相当多いと思いますが、八二％とは驚異的な数字です。ちなみに当のユダヤ人はどうかというと、四〇％です。なんと、アメリカのユダヤ人社会以上に福音派のほうが親イスラエルなのです。ユダヤ系アメリカ人ははるかに冷静で、「聖書にあるイスラエルはあくまで昔のイスラエルであって現代イスラエルのことではない」と考える人が多いのです。

さらに過激な調査結果があります。二〇一五年四月に行われたブルームバーグの世論調査ですが、「イスラエルはアメリカにとって重要な同盟国であって、中東で唯一の民主主義国家だ。したがって、場合によってはアメリカの国益に反してもイスラエルを支持すべきだ」と回答した人が、福音派には四五％もいました。「アメリカとイスラエルの国益が対立したら、イスラエルをとる。自分はアメリカ国民である以前にキリスト教徒である。宗教的にはイスラエルのほうが正しいから、いざとなったら、祖国アメリカよりイスラエルをとる」というわけです。

さすがに、「アメリカは自国の国益を追求すべきだ」が四七％で、福音派といえども、こちらのほうがわずかに多いのですが、四五％が「アメリカの国益を犠牲にしてもイスラエルを守れ」と言ってしまう、このねじれ現象には驚きです。

ですから、ユダヤ系保守派の影響力が全くないとは申しませんが、トランプが親イスラエル政策を取るのは、むしろ福音派の人々が強烈なイスラエルびいきなので、その主張を取り入れているためと考えるほうが自然でしょう。アメリカ大統領としては、国民、とくに支持者の投票行動を常に気にしなければなりません。傍若無人に見えるトランプですが、見方によっては、有権者の意向に忠実だともいえるのです。

そう考えると、「トランプがユダヤの意を汲《く》んでEUを破壊しようとしている」の的外れ感がおわかりいただけると思います。「福音派の意を汲んで」なら、まだわかりますが、「福音派の陰謀」というのは聞いたことがありません。トランプのイスラエル支持の姿勢を単純にユダヤ人と結びつける人々は、発想のそもそもの前提がおかしいのです。

第二章　アメリカのＦＲＢはユダヤが握っている!?

ロスチャイルド一族がＦＲＢを支配している⁉

「英国の通貨供給を管理するものが大英帝国を支配する。そして、私は英国の通過供給を管理している」

これは前章でもご紹介したマイヤー・ロスチャイルドの発言とされています。実際に、彼がこの通りに発言したかどうか疑問視されていますが、大財閥を築き上げた彼が密《ひそ》かにこう考えていたとしても不思議はありません。いずれにせよ、そんな発言が信じられてしまうほど、金融界における彼の影響力は大きかったのです。

そこで出てくる陰謀論がこれです。

陰謀論　**ロスチャイルド一族が、アメリカの中央銀行にあたるＦＲＢ（Federal Reserve Board「連邦準備制度理事会」）を支配している。その証拠に、ＦＲＢは国営ではなくて株式会社だ。**

陰謀論者の方々はご存じないようですが、中央銀行の多くが株式会社です。ですから、「株式会社だから云々《うんぬん》」と言っている陰謀論は、この一言で瞬殺です。ちなみに、日本銀行は、日本銀行法によりそのあり方が定められている認可法人であり、政府機関や株式会社ではありませんが、出資を募るという理由で株式を発行して上場もしています。

もっとも、ＦＲＢに関して、彼らが問題視しているのは、その株主が民間銀行だというところでもあります。ただ、ＦＲＢは、一般の株式会社と違って、あるひとつの勢力に支配されないよう制度的に歯止めがかけられています。そして、ロスチャイルドは英国の財閥ですから、アメリカにとっては外国資本です。外国の銀行が、株式を大量に取得して、ＦＲＢを支配することは制度上できません。

ＦＲＢが民間銀行から影響・圧力を受けるというのは、大なり小なりその通りです。しかし、ＦＲＢは、そもそも発足当初から現在に至るまで、アメリカ国内の民間銀行の強い影響を受けています。民間銀行にはロスチャイルド系の銀行もあれば、それ以外の銀行もあります。ですから、「民間銀行の影響」を直ちに、ロスチャイルド家やユダヤ人と結びつけるのは明らかな飛躍です。

ＦＲＢは民間と政府が共同経営しています。アンチＦＲＢで有名なアメリカの元下院議員にロン・ポールという人がいましたが、この人がいみじくも「ＦＲＢというのは民間企業の最悪の部分と、公的機関の最悪の部分を併せ持った特殊な組織だ」と語っています。ロン・ポールは「ＦＲＢを廃止しろ」とまで言っているＦＲＢ反対派で、前記の発言はＦＲＢを罵《ののし》った言葉です。しかし、裏を返せば、ここまで批判的な人の目を通してみても、ＦＲＢは完全な私企業ではないということです。

中央銀行制度の特色のひとつは、合法的なカルテルであることです。つまり、銀行間の競争や新規参入を制限し、既存の銀行が一定の利益を確保できる仕組みです。貸出金利や預金準備などの競争条件が統制されるため、個々の銀行の経営状態に差がつきにくくなります。それで、大銀行は中小銀行や新規参入者との競争（による淘汰《とうた》）に脅かされずに、融資を大幅に増やせます。

こういった銀行保護措置は既得権益を守ると同時に、過剰な競争による弊害を防ぎ「健全経営」を目指すという意味で、経済の安定に貢献することが期待されます。もちろん、これによって、すべての銀行が「健全な経営」を行うとは限りませんが。

大企業と政府の癒着はどこにでもある話です。一部の大企業は不公正な利益を得るために権力を操ります。その中にはユダヤ系資本も含まれるでしょう。しかし、権力そのものを握っているのは政府です。政府が協力しなければ、私企業は影響力を行使したくてもできません。

ＦＲＢはたしかに特殊な中央銀行です。「中央銀行」ではなく、「連邦準備制度理事会（Federal Reserve Board）」を名乗っているのも奇妙です。普通は「日本銀行」「ドイツ連邦銀行」「イングランド銀行」「フランス銀行」「ロシア中央銀行」「ブラジル中央銀行」のように「国名（中央）銀行」なのに、どうしてでしょうか。

そこで、まずは、ＦＲＢの特殊性について、歴史をさかのぼって、ご説明したいと思います。

アメリカ中央銀行の曙《あけぼの》

アメリカの中央銀行制度は第一合衆国銀行に始まります。初代財務長官アレクサンダー・ハミルトン(注)のイニシアティブで一七九一年に創設されました。このときは「合衆国」と「銀行」が入っていて中央銀行らしい名前です。

そもそも、一六二〇年、英国から北米への最初の移民としてメイフラワー号に乗ってやってきた清教徒たちは、英国国教会の弾圧を逃れ、新大陸で自分たちの信仰生活が保障される理想社会を実現すべく、先住民のマサチューセッツ族の土地に侵入し、マサチューセッツ湾植民地を建設しました。

彼らは、自分たちの航海を旧約聖書のノアの方舟《はこぶね》の物語になぞらえ、自分たちはエルサレムの代わりにニューイングランドにたどり着いたのであって、清教徒のみが〝約束の地〟を独占すべきだと考え、初期の頃は、ユダヤ教徒はもとより、キリスト教他宗派の人々も排除しました。

このため、続いて北米にやってきた他宗派のキリスト教徒たちは、それぞれの宗派ごとに別々の植民地を形成するようになります。たとえば、国教会系のキリスト教徒はヴァージニア植民地、クエーカー教徒はペンシルヴァニア、カトリックはメリーランドといった具合です。

(注) アレクサンダー・ハミルトン (一七五五～一八〇四)：独立戦争に参加し、ジョージ・ワシントンの副官として活躍。ワシントンの演説原稿ほか、ワシントンの名で出される重要文書を起草。連邦政府の権限強化を主張。一七八九年に三四歳で初代財務長官に。国家財政の安定に努めた。最後は政敵との決闘で死亡。享年四九歳。一〇ドル紙幣の顔。詳しくは拙著『大統領になりそこなった男たち』中公新書ラクレを参照。

こうした経緯から、アメリカ合衆国は東部一三州の連合体として出発しました。現在ではstateを日本語で「州」と訳していますが、昔は「邦」と訳されたほど、各々の自立性が高い自治体組織でした。今でも中央政府はFederal Governmentであり、日本語も「連邦政府」です。

さて、アメリカ独立戦争の講和条約は一七八三年に調印され、アメリカは晴れて英国からの独立を達成しました。しかし、当初から国家のあり方として、連邦政府（＝中央政府）の権限を強化すべきという連邦派と、各州の自立性を尊重しようとする反連邦派の対立がありました。

財務長官ハミルトンを筆頭とする連邦派は、「農業国のままではアメリカの将来は暗い。産業資本を育成し、英国にならった経済システムを導入することで、英国をしのぐ産業国家を作り上げよう。そのためには中央銀行が必要である」と考えていました。

ところが、当時のアメリカの有力者たちの中には、国務長官トマス・ジェファーソン(注)を筆頭とする反連邦派を中心に、商業や金融を毛嫌いする者も少なくありませんでした。

ジェファーソンは、銀行について、「貧乏人から金を巻き上げ、農家を圧迫し、質素な共和主義を堕落させる、唾棄《だき》すべき存在」と思いこんでいました。限られた家内工業しかない「農業の

（注）**トマス・ジェファーソン**（一七四三〜一八二六）：大農園主の家に生まれ、宗教的にはピューリタン系プロテスタント。独立宣言を起草。初代国務長官、第三代大統領。二ドル紙幣の顔。大統領就任中にルイジアナを買収。

楽園」こそが、合衆国のあるべき理想像だと信じる彼は、「農業を主としている限り、わが政府は今後何世紀にもわたって高潔さを失わずにいられるだろう」と主張します。しかも、商業は「際限のない凶悪窃盗」であると公言してはばかりませんでした。

基本的に自給自足的な田舎の農園生活を理想の世界としているので、都市、商業、金融は敵なのです。つつましやかで質素なのはジェファーソン主義者たちの美点であるとも言えますが、自分たちの小さな世界さえよければいい、世界のことなどどうでもいいという内向きの傾向があり、国家としては、それでは大いに困ることがあります。

ハミルトンはジェファーソンより一二歳ほど若かったのですが、アメリカ建国時代最高の切れ者と言われた優秀な男でした。そのハミルトンの連邦派とジェファーソンの反連邦派の二大グループの間にはさまって、大統領のワシントン(注)は、どうやって調停しようかと頭を悩ませます。やはり中央銀行は必要である。しかし、反連邦派も宥《なだ》めなければいけない……。

結局、第一合衆国銀行は誕生するのですが、反連邦派に対する妥協として、二〇年に一度、特許を更新し、議会がそれを承認しなければならないとの条件が付けられました。「商業・産業資本家の暴走を、これで食い止められますよ」と言い訳しながら何とか法案を通したのです。しかし、基本的に問題の先送りでしかありません。はたして、二〇年後の一八一一年、第一合

(注)ジョージ・ワシントン(一七三二〜九九)：初代大統領。一ドル紙幣の顔。

衆国銀行は特許更新の時期を迎えます。このとき、中央政府による金融の統制強化を望まない反連邦派陣営は、議会で座り込みをして特許更新を阻止しました。第一合衆国銀行は廃止に追い込まれてしまったのです。

ところが、実際に中央銀行を廃止してしまうと、統制を失ったアメリカ経済は猛烈なインフレに見舞われました。このため、中央銀行の設置に反対していた大統領のジェームズ・マディソンと議会は態度を豹変《ひょうへん》させます。そして、一八一六年、第一合衆国銀行の業務を引き継ぐものとして第二合衆国銀行が設立されました。

自立性の高い州の連合体として出発したこともあって、初期のアメリカでは、州ごとに通貨もまちまちでした。そこで、第二合衆国銀行は、連邦全体を統一した銀行制度の確立を目指します。二〇年後に特許更新という定めは第二合衆国銀行も同じです。次回更新を四年後に控えた一八三二年、第二合衆国銀行総裁のニコラス・ビドルは、一八一一年の第一合衆国銀行の失敗を繰り返さぬよう、議会の重鎮だったヘンリー・クレイ(注)に働きかけ、特許更新法案を連邦下院で通過させました。

(注) ヘンリー・クレイ (一七七七~一八五二)：第九代国務長官、第八代、第一〇代、第一三代下院議長。大統領選挙に五回立候補するも毎回落選。拙著『大統領になりそこなった男たち』に一章を設けて詳述しているので、興味がある方はそちらを参照されたい。

ところが、時の大統領アンドリュー・ジャクソンは、この特許更新法案に対して拒否権を発動します。上院もこれを覆《くつがえ》すことができず、第二合衆国銀行の命運は風前のともしびになりました。ジャクソンが第二合衆国銀行の特許更新に対して拒否権を行使したのは、経済学的な裏づけがあったからではなく、国民世論の間に蔓延していた反銀行感情を利用して、クレイを筆頭とする反ジャクソン派に打撃を与えることが目的でした。

当時の国民の間には、第二合衆国銀行は公金で特権階級の便宜を図り、投資の利益を分配するものとして、連邦政府と特権的資本家との癒着《ゆちゃく》の象徴とみる空気が根強くありました。天才的なポピュリストでもあったジャクソンは、合衆国銀行を「モンスター」と呼び、総裁のビドルを「人民の敵」として非難することで喝采《かっさい》を浴びたのです。

先に、反連邦派のジェファーソンが銀行ぎらいで、第一合衆国銀行の設立に反対した話をしましたが、初期のアメリカは農業国で、これは全アメリカ的な雰囲気でした。それは第一合衆国銀行設立から約四〇年たったこの時期に至っても、変わっていません。

少し時代はズレますが、一八五〇年代にはテネシー州メンフィスで『ヴェニスの商人』の公演中、裁判の場面で興奮した観客の一人が舞台に飛び上がり、金貸しシャイロック役の俳優の手からナイフを奪い取るという事件が起こっているほどです。

ジャクソンは、政敵が銀行を支持しているからと、「銀行反対」の世論を煽《あお》って、本当に中央銀行をつぶしてしまいました。無茶苦茶な話です。

国民感情に流されて第二合衆国銀行を否定してしまえば、通貨の管理が混乱するのは誰の目にも明らかです。しかし、ジャクソンは何ら具体的な対案を示しませんでした。

一八三二年の大統領選挙では合衆国銀行問題が選挙戦の重要な争点となります。現職大統領のジャクソンと銀行維持派のヘンリー・クレイが争った結果、ジャクソンが、二八六人の大統領選挙人のうち二一九人を獲得して圧勝します。クレイは第二合衆国銀行について冷静な議論を展開したにもかかわらず、四九人しか選挙人を獲得できずに惨敗してしまいました。

再選を果たしたジャクソンは、第二合衆国銀行に止めをさすべく、一八三三年、連邦政府預託金を合衆国銀行から引き揚げ、「ペット・バンク（Pet Bank）」と呼ばれた民主党（ジャクソン政権の与党）系の七つの州法銀行（州法によって設立された州ごとの発券銀行）へ分配しました。この結果、ジャクソン政権が発足した一八二九年には四八〇〇万ドルだった紙幣の流通量は、ジャクソンが退陣した一八三七年には一億五〇〇〇万ドルと三倍以上にも膨れ上がってしまいました。

さらに、ペット・バンクが、新たに振り込まれた資金を用いて投機を行った結果、地価は暴騰し、インフレはますます深刻化します。このため、ジャクソンは一八三六年に正貨流通令を出して公有地払い下げの支払いは金貨ないしは銀貨に限るとしました。しかし、金銀の準備高が少なかった多くの州法銀行は紙幣と金銀との交換を停止せざるをえません。この結果、彼らの発行する紙幣は紙くず同然となって、経済状況はますます悪化。対策を求める資本家たちに対してジャクソンは「来る場所が違う。ビドルに頼め！」と言い放ち、すげなく追い返したそうです。

こうして、アメリカは中央銀行不在の時代に突入します。

アメリカ大陸におけるユダヤ人の歴史

ところで、ジャクソンが大統領の地位にあった一八三〇年代は、アメリカ社会にヨーロッパからユダヤ系移民の第一波が押し寄せた時期と重なっています。そこで、独立戦争以前から南北戦争にいたるまでのアメリカ大陸におけるユダヤ人についても簡単にまとめておきましょう。

一五〇〇年二月一五日、ペドロ・アルヴァレス・カブラルを長とするポルトガルの第二次インド遠征隊がブラジルに漂着したのをきっかけに、ポルトガル人によるブラジル入植がはじまると、これとほぼ時を同じくして、ユダヤ人の中には、ポルトガル本国での迫害を逃れてブラジルに移り住む者が出てきます。

特に、一五一七年、マルティン・ルターが『九五ヵ条の論題』を提示して宗教改革の口火を切ると、以後、欧州ではカトリックとプロテスタントの血で血を洗う宗教戦争が繰り広げられます。カトリックの牙城《がじょう》であったイベリア半島では、反プロテスタントが勢いあまって、異教徒のユダヤ人に対する苛烈《かれつ》な迫害が横行しました。このため、ユダヤ人の中には生命の危険を感じてブラジルへ逃れる者も急増したのです。ポルトガル本国でのユダヤ人迫害の波は植民地のブラジルにも容赦なく押し寄せました。一五八一年以降は本国から宗教裁判官が派遣され、ブラジルでもユダヤ教徒は迫害の対象となります。このため、ユダヤ人はユダヤ教の信仰を隠し、非ユダヤ人との通婚を進めました。ユダヤ人の多くは、次第に、ユダヤ教からカトリックに改宗し、ブラジル社会への同化が進んでいきます。

一方、ほぼ同じころ、プロテスタントが支配的な国際商業都市のアムステルダムでは、ユダヤ人に対しても信教の自由が認められていたため、多くのユダヤ人が生活していました。

そのオランダは、ブラジルとの砂糖貿易で巨額の利益をあげていたため、ブラジルに自らの拠点を築こうと考え、一六二一年、西インド会社を設立します。一六三〇年には北東部の港町、レシフェを攻撃してポルトガル人を駆逐し、ここを西インド会社の拠点としました。

こうして生まれたオランダ領ブラジルは、一六四一年までに現在のマラニョン州の地域にまで版図を拡大。総督を務めていたナッサウ＝ジーゲン伯ヨハン・マウリッツが信教の自由を住民に保障したこともあって、首府のレシフェにはユダヤ人が流入していきます。ユダヤ人口の増加に伴い、レシフェにアメリカ大陸で最初のシナゴーグが建設されたのもこの時期のことでした。

しかし、一六五四年、ポルトガルの攻撃を受け、オランダはブラジルから撤退します。そして、レシフェはポルトガルによって接収されてしまいました。レシフェのユダヤ人約一五〇〇人はポルトガルの支配を嫌って各地に四散し、そのうちの二三人が、一六五四年、北米におけるオランダの拠点であったニューアムステルダムに逃れました。

これが、北米における最初のユダヤ人コミュニティとなりました。そして、翌一六五五年には、富裕なユダヤ商人五人がニューアムステルダムに到来し、商売を始めます。その後、一六六七年には、第二次英蘭戦争で英国が勝利を収め、オランダはニューアムステルダムを含む北米植民地を英国に割譲し、ニューアムステルダムはニューヨークと改称されました。現在、〝ジュー・ヨーク〟とも呼ばれるニューヨークのユダヤ人コミュニティはこうして生まれたのです。

一六六〇年代のニューアムステルダムの人口はわずか一〇〇〇人ほどでしたが、そこで話されていた言語はなんと一八種類、多種多様な人々が入り混じって生活していました。そのため、ユダヤ教徒がその信仰のゆえに排除されることも、他の北米植民地に比べて少なかったのです。

その後、独立戦争の時代までに、ニューポート（ロードアイランド州）やフィラデルフィア、チャールストン、サヴァナ（ジョージア州）などにユダヤ人のコミュニティが成立します。

もちろん、北米植民地においても、ユダヤ人に対する差別感情が全くなかったわけではありませんし、一七七〇年代のニューポートではシナゴーグやユダヤ人墓地が荒らされる事件も起きています。しかし、ヨーロッパ大陸に比べれば、北米植民地のユダヤ人は、ユダヤ教の信仰を保ち、自由に職業を選んで、好きな場所で生活できるという点で、はるかに人間らしい生活を保障されていたと言ってよいでしょう。

このため、一七七五年、アメリカ独立戦争が勃発すると、二〇〇〇人ほどいた北米在住のユダヤ人の大半は独立派を支持し、そのうちの数百人は実際に武器を手に取って戦闘に参加しました。

独立戦争を金融・財政の面から支えた〝愛国者〟としては、ハイム・ソロモンが有名です。

ハイム・ソロモンは、一七四〇年、ポーランド中部のレシュノに生まれ、ヨーロッパ各地を転々とする中で語学の才を磨きながら、金融業者としてもキャリアアップし、一七七二年、ニューヨークにやってきました。

ニューヨークでは貿易と金融で財を築く一方、北米植民地の急進愛国派の組織〝自由の息子たち〟（ボストン茶会事件を起こしたグループ）の指導者、アレクサンダー・マクドゥーガルの影響を受けて独立派の活動に参加。一七七六年には独立軍と資金調達の契約を結び、翌一七七七年にはジョージ・ワシントンの幕僚であったアイザック・フランクスの妹、レイチェルと結婚します。

ニューヨークが英国軍によって占領されると、ソロモンは逮捕・投獄されました。一時はその語学の才能を認められて釈放されましたが、独立運動を続けます。そのため、ふたたび逮捕されて財産を没収され、死刑判決を受けてしまいます。しかし、なんとかフィラデルフィアに逃亡しました。

フィラデルフィアでは仲介業を再開するとともに、独立戦争の資金調達のために尽力しました。

なかでも、一七八一年八月、アメリカ側の資金が枯渇したことを知ったソロモンは、ジョージ・ワシントンの求めに応じて、自らの資産から戦費の二万ドルを捻出して大陸会議（北アメリカ一三州各植民地代表による会議）に貸し付けています。この資金を得たワシントン率いる米仏連合軍は、同年九～一〇月のヨークタウンの戦いでチャールズ・コーンウォリス率いる兵力約七〇〇〇の英国軍を包囲、降伏させ、独立戦争を事実上、終結させました。

その後も、建国まもないアメリカ財政が常に破綻《はたん》の危機にさらされる中、ソロモンは、公債の販売や為替手形の取引による利益などを含め、一七八四年までに総額六五万ドル以上もの資金を調達しています。

ちなみに、ソロモンは大陸会議や連邦政府のみならず、個人相手にも金利・手数料を破格の安値で資金を融通しました。後に大統領となったジェイムズ・マディスンなどは、ソロモンからの融資に助けられた一人です。

結局、ソロモンは一七八五年に亡くなったため、彼が貸し付けた資金はほとんどが回収できないままに終わりましたが、アメリカ独立の最大の〝スポンサー〟の一人として、彼の名はアメリカ史の教科書に特筆大書されています。

さて、前述のように、北米の植民地諸邦（States ステイツ）はそれぞれの宗派が自分たちの信仰に基づいてコミュニティを作ることからスタートしましたから、連邦政府が特定の宗教を偏重することのないよう、慎重な配慮が払われていました。このため、アメリカは事実上のキリスト教国家として建国されながら、アメリカ合衆国憲法には、〝神〟、〝至高の存在〟、〝偉大なる統治者〟、〝創造主〟など、神を意味する文言は避けられています。

すでに、独立宣言が発せられた一七七六年の時点で、独立派の長老、ベンジャミン・フランクリンは、旧約聖書への敬意と〝約束の地〟としてのアメリカのイメージから、新国家の印章には、モーセがイスラエルの民を率いて航海の水が分かれた中を進むデザインを用いるように提案していますが、このアイディアは拒否されています。ただし、こうした提案がなされること自体、当時の北米植民地ではユダヤ教徒に対する偏見が薄かったことの状況証拠と言ってよいでしょう。

こうして作られた合衆国憲法（一七八七年九月一七日作成、一七八八年発効）は、その第六条第三項において「合衆国の信任によるいかなる公職についても、その資格として宗教上の審査を課せられることはない」と規定していました。この規定はユダヤ人を想定して作られたものではありませんが、これにより、ユダヤ人でも、能力さえあれば連邦政府の職員に就くことが認められました。

ただし、この規定はあくまでも連邦政府の職員に関するものでしたから、公務員の就職資格に宗教的な制約を設けている州も少なくありませんでした。たとえば、ニューハンプシャー州でユダヤ教徒が公務員に就くことが完全に自由化されたのは一八六八年のことです。

さらに、一七九一年、合衆国憲法の最初の修正一〇ヵ条として「権利章典」が批准されました。そして、その第一条は「合衆国議会は、国教を樹立、または宗教上の行為を自由に行うことを禁止する法律、言論または報道の自由を制限する法律、ならびに、市民が平穏に集会しまた苦情の処理を求めて政府に対し請願する権利を侵害する法律を制定してはならない」として、冒頭で宗教と国家（連邦）の分離を明確に謳《うた》っています。これにより、少なくとも連邦の憲法においては、ユダヤ人にも無制限の自由と平等が保障されることになりました。

リーヴァイスとゴールドマン・サックス

一八三〇年代になると、ドイツ・中欧から多くのユダヤ人が北米に移民としてやってきます。この時点でのユダヤ系移民の多くは、必ずしも本国での差別や迫害を逃れてきたというわけではなく、アメリカが西へと領土を拡大していく中で、新興都市でのビジネスチャンスを求めてきた者が大半でした。さらに、ヨーロッパ全土を席捲《せっけん》した一八四八年革命の余波を逃れ、多くのユダヤ系移民が流入します。一九世紀前半ヨーロッパの状況については第三章で取り上げます。

そうしたユダヤ系移民たちの性格は、たとえば、一八四九年にカリフォルニアで金鉱が発見され、ゴールドラッシュが起きたときにも、自ら金を求めるのではなく、金を目指してやってきた非ユダヤ系の移民を相手に商店を経営することを選んだ者が多数派だったことからもおわかりいただけるかと思います。

現在、世界最大の投資銀行とされるゴールドマン・サックスの創業者、マーカス・ゴールドマンは、一八二八年、ドイツのバイエルン生まれのユダヤ人ですが、一八四八年、革命の混乱を逃れて徒手空拳《としゅくうけん》でフィラデルフィアに渡り、行商人としてアメリカでのキャリアをスタートさせました。二年後、ある程度の資金を貯めたゴールドマンは衣料品店を開業して、さらに資金を増やし、一八六九年、ニューヨークで債券ブローカーとしてマーカス・ゴールドマン&カンパニーを開業します。これが、ゴールドマン・サックスの直接のルーツですが、ゴールドマンが行商人や衣料品店から出発したことは注目しておいてよいと思います。

また、この時代にアメリカに移住してきたユダヤ系の成功者としては、ジーンズの祖として知られるリーヴァイ・ストラウスにも触れないわけにはいきません。

リーヴァイ・ストラウスは、一八二九年、ドイツ・フランケン地方のブッテンハイムで織物商人の家庭に生まれました。出生時のドイツ語名はレープ・シュトラウス（Löb Strauß）です。

一六歳の時、父親のヒルシュが亡くなり、一八四七年、一八歳で母親と二人の姉と共にニューヨークへ移住。先に移住していた兄のヨナとルイが営んでいた織物の卸売商〝J・シュトラウス・ブラザー&カンパニー〟で働きはじめました。

一八四九年、レープはケンタッキー州西部のレイビルに移り、兄の会社の商品をケンタッキーで販売し始めました。翌一八五〇年、姉のファーゲラ（英語名ファニー）は同じくユダヤ系の織物商、ダヴィド・シュターン（英語名デイヴィッド・スターン）と結婚し、ミズーリ州のセントルイスに移住します。ちなみに、一八五三年、レープはアメリカの市民権を獲得したのを機に、自分の名前を英語化して〝リーヴァイ・ストラウス〟と名乗りました。

時あたかも、カリフォルニアはゴールドラッシュの時代です。

一家は、金鉱の労働者たちの需要を見込んで、西海岸でのビジネスを思い立ち、一八五三年、リーヴァイが先遣隊としてサンフランシスコに渡ります。その後、リーヴァイは義兄のスターンと二人でサンフランシスコ中心部のカリフォルニア・ストリートで織物類の卸売商、〝リーヴァイ・ストラウス&カンパニー〟を開業しました。

リーヴァイらは、ニューヨークの兄達から織物類、衣料品、寝具、櫛、財布、ハンカチなどを仕入れて販売するだけでなく、テントや荷馬車の幌を作るためのキャンバス生地も販売し、大きな利益を上げました。

ところで、当時の一般的な衣服は、ゴールドラッシュの時代の鉱山労働者たちが作業着として使うと、すぐに擦り切れてぼろぼろになってしまうものが大半でした。

ここに目を付けたのが、ネヴァダ州リノのテーラー、ジェイコブ・デイヴィスです。デイヴィスは、リガ（現ラトヴィア。当時はロシア領）出身のユダヤ人でしたが、一八七〇年、リーヴァイの会社からキャンバス生地を仕入れ、作業用ズボンを製造。さらに、ポケットの両端に銅のリベットを打ち付けて補強し、頑丈なワークパンツを作って売りだします。

この〝リベット補強済みパンツ〟が労働者たちに好評を持って迎えられたことから、デイヴィスは特許の取得を考えました。しかし、デイヴィスは自分だけでは特許申請のための費用を捻出できなかったため、一八七二年、仕入れ先のストラウスに資金の援助を仰ぎ、一八七三年五月二〇日、特許番号一三九一二一号「作業ズボンのポケットを銅製の鋲で強化する特許」を二人の共同名義で取得します。

これが、現在のリーヴァイスのジーンズの原型です。特許の取得後、リーヴァイ・ストラウス社はニューハンプシャー州マンチェスターのアモスキーグ社製の帆布を用いて、〝ブルージーンズ〟の製造・販売を開始しました。

南北戦争とユダヤ陰謀論

こうして、ユダヤ系移民の中に社会的な成功者が少なからず出てくると、アメリカ社会の中にもユダヤ人に対する嫉妬や反感も強まっていきます。

ヨーロッパのような集団的な（時として暴力的な）ユダヤ人迫害は当時のアメリカでは少なかったものの、前述のジェファーソンのような商業や金融に対する嫌悪感を共有し、そこから、それを業としているユダヤ人への反感・侮蔑に転嫁するというケースは珍しくありませんでした。そして、一八六一～六五年の南北戦争は、こうした傾向をさらに助長することになります。

南北戦争はアメリカと他国の戦争ではなく、内戦であったため、戦時下においても南北の関係が完全に途絶することはありませんでした。たとえば、北部は南部で生産される綿を必要としていましたし、南部は北部から工業製品やコーヒーを購入していました。

ただし、建前としては南部のアメリカ連合国は、あくまでも北部アメリカ合衆国から見れば叛《はん》逆《ぎゃくしゃ》者集団ですから、公然と〝貿易〟を行うわけにはいきません。そこで、南北を往来する密輸業者が暗躍することになり、ユダヤ人の商業ネットワークが力を発揮しました。

もちろん、すべてのユダヤ商人が南北間の密輸に手を染めていたわけではありません。しかし、当時の少なからぬラビたちが「密輸は神の名を汚すことである」と非難していたという記録がありますので、逆説的に、かなりのユダヤ商人が密輸にかかわっていたものと推測してよいでしょう。

また、一八三七年にロスチャイルド家の代理人としてニューヨークに派遣されたオーガスト・ベルモントは、渡米後ほどなくしてアメリカのユダヤ人社会とは疎遠になり、一八四九年にはマシュー・ペリー（黒船で浦賀にやってきた、あの提督です）の娘と結婚しました。南北戦争中、彼は、終始一貫、リンカーン大統領に忠誠を尽くし、一八六四年の大統領選挙ではリンカーン陣営に多額の献金を行いましたが、その彼に対しても、一部の新聞は「秘かに南部を支持するユダヤ人銀行家」との中傷記事を掲載しています。このことは、当時のアメリカ社会（の一部）のユダヤ人に対する偏見を示す興味深い例です。

ベルモントは南北戦争時の北部で影響力のあったユダヤ人ですが、南部の大物ユダヤ人といえば、ジュダ・ベンジャミンを外すことはできません。

ベンジャミンは、一八一一年、デンマーク領西インド諸島（現アメリカ領ヴァージン諸島）のセント・クロイ島クリスチャンステッドで、英国籍のユダヤ人として生まれました。幼少時に両親とともに渡米し、一八三二年、ルイジアナ州ニューオーリンズで弁護士資格を取得。商法専門の弁護士として開業します。

翌一八三三年、彼は地元の資産家の娘、ナタリー・セント・マーティンと結婚。その結果、多くの奴隷を有する砂糖農園のオーナーにもなり、弁護士業と併せて巨額の財を築きました。

一八四二年、ホイッグ党員としてルイジアナ州下院議員に選任。一八五二年には州議会から連邦議会の上院議員に選出されました。彼の豊かな法律知識はルイジアナ州の域を超えて連邦全体でも注目されていたため、当時のミラード・フィルモア大統領はベンジャミンを連邦最高裁判所陪席裁判官のポストに推薦しましたが、彼はこれを断って上院議員に就任します。

上院議員に就任早々、ベンジャミンはピアース政権の陸軍長官であったジェファーソン・デイヴィスと激しく対立しましたが、デイヴィスが折れて謝罪したのを機に、二人は親交を結ぶようになります。

その後、南北戦争が勃発し、一八六一年二月四日、ルイジアナ州が合衆国を離脱したことに伴い、上院議員を辞職。同二五日、デイヴィスが南部連合の大統領に選出されると、ベンジャミンは司法長官に指名されます。その後、ベンジャミンは南部連合の陸軍長官、国務長官を歴任し、南部連合の政策実務を切り盛りしました。それゆえ、北部からは〝悪徳ユダヤ人〟の権化として誹謗《ひぼう》中傷の的になります。

一八六五年四月、南北戦争は北軍の勝利に終わりましたが、その直後、リンカーン大統領が暗殺されると、〝戦犯〟のベンジャミンを処刑したかった合衆国の情報機関は、暗殺事件の黒幕はベンジャミンであるとの陰謀説を意図的に流布させます。

ところで、アメリカの通貨制度は、第一合衆国銀行時代の一七九二年以来の金と銀の自由鋳造を認める金銀複本位制(注)が採られていましたが、南北戦争を機に、戦費調達の必要から兌換制度《だかんせいど》は一時停止されます。

(注) 金銀複本位制：当時の法定通貨は金や銀などの貴金属で、紙幣も金・銀との交換が保証されている兌換券が常識であった。したがって、政府の運営する鋳造所に貴金属が持ち込まれた場合には、一定の重さごとに無制限に法定通貨に鋳造して引き渡す(＝自由鋳造)ことになっていた。この法定通貨の原料を金としたのが金本位制、銀としたのが銀本位制、金と銀を併用したのが金銀複本位制である。

ベンジャミンをリンカーン暗殺の〝黒幕〟としたい人々は、こうした通貨制度の変更と合わせて、次のような陰謀論を流布させました。

陰謀論 **リンカーンは南北戦争の戦費調達の必要性から政府紙幣を発行した。これに反対するユダヤ系の資本家がリンカーンを暗殺し、発行を停止させた。**

名指しこそされていませんが、ここでいう〝ユダヤ系の資本家〟はベンジャミンのことだと考えるアメリカ人は少なくありませんでした。もちろん、リンカーンの暗殺に関して、ベンジャミンは完全に無実です。

アメリカに留まっていては公正な裁判を受けられないと判断したベンジャミンは英国に逃亡。一八六六年にはイングランドで弁護士資格を取得しただけでなく、一八六八年に発表した「動産売却の法律に関する論文」は商法に関する古典的名著として高い評価を受け、一八七二年には王室顧問弁護士にも選任されました。

その後、ベンジャミンはアメリカ社会から忘れ去られていきますが、「リンカーン暗殺の黒幕が（氏名不詳の）ユダヤ人だ」という陰謀論はしぶとく生き残り続けます。

ちなみに、リンカーン暗殺事件の主犯であったジョン・ウィルクス・ブースは著名なシェークスピア俳優でしたが、彼の兄で同じくシェークスピア俳優として知られていたエドウィン・ブースは強硬な反ユダヤ主義者で、当時の金融資本家をシャイロックになぞらえて罵倒《ばとう》していました。当然、彼らがユダヤ人の資本家と結託し、ユダヤの陰謀に加担する余地は全くありません。

ブースが罵倒していた資本家の中には、株式操作やインサイダー取引で巨万の富を築いた〝泥棒男爵〟ことジェイ・グールドやスタンダード・オイルの創業者、ジョン・D・ロックフェラーも含まれています。

ただし、ジェイ・グールドはイングランド人の父親とスコットランド人の母親を持つ長老派のプロテスタントですし、前にも述べたように、ロックフェラーもユダヤ人ではありません。

それでも、彼らを「ユダヤ人」に認定し、誹謗中傷する人が後を絶たないのは、ビジネスで莫大な利益を上げることを、シャイロックのような金の亡者のユダヤ人というステレオ・タイプなイメージと勝手に重ね合わせる人がいかに多いか。その結果といってよいでしょう。

いずれにせよ、政府紙幣の発行に産業資本家が反対し、農家が賛成していたのは事実です。しかし、暗殺者ジョン・ウィルクス・ブースは、ユダヤ人でもなければ、ユダヤ系組織とのつながりがあるわけでもありません。また、彼が通貨政策について発言したという記録も残っていません。リンカーン暗殺について、ユダヤの陰謀を疑う人は暗殺犯ブースについて、きちんと調べてください。

金本位制をめぐる攻防

さて、通貨制度の歴史に話を戻しましょう。

南北戦争後の復興が進むと、国民の間からは兌換制度の復活を求める声が高まります。そのため、一八七三年、連邦議会は「一八七三年貨幣鋳造法」を可決し、金貨の自由鋳造が再開されました。しかし、同法には銀貨の自由鋳造についての記述はなく、アメリカの通貨制度は実質的に金本位制に移行しました。

実は、一八七〇年以前の世界では、純然たる金本位制を取っていたのは英連邦とポルトガルだけだったのですが、一八七一年、普仏戦争に勝利を収めて国家統合を果たした新生ドイツ帝国がフランスからの賠償金を金に換え、これを基にゴールド・マルクを法定通貨とする金本位制に移行すると、欧米諸国はこぞって金本位制へと移行しました。アメリカの一八七三年鋳造法は、このトレンドに乗り遅れまいとしたものでした。しかし、各国が雪崩《なだれ》を打って金本位制に移行した結果、全世界規模で金の需要が激増し、欧米諸国は深刻なデフレに落ち込んでしまいます。

金本位制は一定の重さの金を一ドルなり一ポンドなりと定める制度です。このため、金の需要が高まって金の価値が上昇すれば、それに伴って、一定の重さの金と等価とされる通貨の価値も上昇します。その結果、通貨価値の上昇と反比例して、物価下落が避けられません。

実際に、一八七五年から一八九六年までの約二〇年間、アメリカの物価は年平均で一・七％下落しました。特に、農産物の価格落ち込みは甚だしく、卸売価格の下落は年平均三％にも及びました。

物価の下落は売り上げの減少として生産者にはねかえってきます。しかし、借り入れた事業資金の額はデフレの進行によって減免されるわけではありません。物価の下落（＝貨幣価値の上昇）によって借金の実質的な負担は増大します。一般家庭に置き換えると、月々のローンの返済額が五万円のままで変わらないのに、月収が五〇万円から四〇万円に下がったようなもの。当然、借金返済の負担は重くなります。

こうしたデフレの進行は、債権者である銀行を豊かにする反面、社会全体の景気を悪化させます。その結果、失業者が街にあふれ、借金で農場を経営していた農民が大多数を占める農村は疲弊してしまいました。

「こんな不況のときに金本位制などやっていてはいけない」そう思う人は当時のアメリカにもいました。そこで、デフレ解消策として、ウィリアム・ジェニングス・ブライアン(注)らが、金銀複本

（注）ウィリアム・ジェニングス・ブライアン（一八六〇～一九二五）：敬虔《けいけん》なプロテスタントの家庭に育つ。雄弁家として名高い。民主党の大統領候補に三回選出されている。ウッドロー・ウィルソン大統領の下で第四一代国務長官になるが、第一次大戦中のルシタニア号撃沈事件をめぐってウィルソンと対立して辞任する。禁酒法・反進化論法支持者。

位制を目指すバイメタリズム運動を唱えます。彼らの主張は「銀の自由鋳造を認めれば通貨の供給量は増加するから通貨価値は下がり（＝物価は上がり）、景気の好転によって失業も減少する。さらに、借金の実質的な負担も軽減され、農民たちの生活も改善される」というものです。

しかし、「世界のトレンドだ」「バスに乗り遅れるな」などの付和雷同精神は日本人の専売特許ではありません。民主党のクリーブランド(注)政権は、金本位制こそが先進国の証であるとの思い込みから、金本位制の維持に固執します。そのため、事態はさらに悪化し、一八九三年に発生した金融恐慌に際しては、全米で三六〇の銀行が倒産しました。その大半は、不安に駆られた預金者が金の引き出しを要求する取り付けを起こし、その店舗に充分な金の準備が不足していたため、換金に応じられずに信用が崩壊するというパターンをたどっていました。

このため、一八九六年二月、大統領のクリーブランドはジョン・P・モルガンと英国のロスチャイルドに支援を求め、三億五〇〇〇万オンスの金塊を調達しました。しかし、その見返りとして六五〇〇万ドル相当の国債をモルガンに差し出さざるを得ませんでした。モルガンは、大統領との交渉に際して、合衆国政府の金庫には九〇〇〇万ドル相当の金貨しかないことを知り、「まもなく金兌換のために一〇〇〇万ドルの小切手を政府に持ち込む男がいますが、そうなったらどうするおつもりですか？」とプレッシャーをかけたといいます。

（注）グロヴァー・クリーブランド（一八三七〜一九〇八）：第二二代、第二四代大統領。

かくして、金本位制は維持されましたが、高い代償を払わされました。

しかし、これが報じられると、「デフレで苦しむ農民や庶民を横目に、モルガンやロスチャイルドらの財閥が暴利をむさぼっている」と世論が激昂します。

ただ、ここで、強調しておきたいのは、モルガンはユダヤ人ではなく、ウェールズに起源をもつ国教会信徒の家柄です。それなのにアメリカ国内には、彼を「強欲なユダヤ人」と誤解して批難する者も相当数いました。「強欲＝ユダヤ人」の偏見があるためか、いかなる角度から見てもユダヤ人ではないモルガンでさえユダヤ人呼ばわりされました。

まして本物のユダヤ人ロスチャイルドに白い目が向けられたことは言うまでもありません。たしかに、ロスチャイルドはユダヤ人ですが、あくまでも英国系の外資、合衆国から資金援助を頼まれた国際金融資本にすぎません。もっとも、近頃ではその「国際金融資本」だけで既に「悪の権化」のように言う人もいますが、そう言う人には、三菱ＵＦＪ銀行や三井住友銀行についてどのようにお考えなのか、一度じっくりお話を伺ってみたいものです。

アメリカの中央銀行アレルギー

一八三六年に、第二合衆国銀行の公認特許期限が切れてから、アメリカには六〇年にわたって中央銀行不在の時代が続いていました。

アメリカ経済が、前項で述べたように深刻なデフレがもたらす混乱の最中にあった一八九五年一〇月一日、ハンブルクの銀行家ウォーバーグ家の御曹司ポールとクーン・ローブ商会(注)の創業者ソロモン・ローブの末娘ニーナがニューヨークで華燭《かしょく》の典を挙げました。

ウォーバーグ家のルーツは、ヴェネツイアで古くから金融業を営んでいたユダヤ人のデル・バンコ一族にあります。家名の「デル・バンコ」は、銀行を営んでいたことに由来するものではなく、逆にその家名が「銀行」を意味する「バンク」の語源(注)になったのです。一六世紀初頭にはヴェネツィアで最も富裕な一族として栄華を極めました。その後、一族はヴェネツィアでのユダヤ人迫害を逃れてボローニャに、ついで、ドイツのヴァールブルクに移り、この地名にちなんで「ヴァールブルク」を名乗るようになりました。

一七世紀に入ると、一族はハンブルク近郊のアルトナに移り、一七九八年、現存する世界最古の投資銀行としてM・M・ヴァールブルク商会を設立しました。これを皮切りに、一族で多くの銀行を経営しました。

ポール・ヴァールブルクは、一八六八年八月一〇日、ハンブルクに生まれました。ロンドンと

(注) クーン・ローブ商会：ニューヨークを拠点とする国際金融財閥。名称はアブラハム・クーンとソロモン・ローブ、創業者二人の姓を合わせたもの。一九七七年にリーマン・ブラザーズに統合される。

(注) 銀行の語源：イタリア語 banco はベンチや小机、台を意味する。机の上で取引したため、この banco が後に「バンク（銀行）」になった。

パリでビジネスマンとしての基礎的な訓練を積んだ後、一八九一年、祖父が創業したM・M・ヴァールブルク商会に入社し、一八九五年には共同経営者となりました。

ニーナとの結婚当初、ポールはハンブルクを拠点としていましたが、義父のソロモン・ローブが老齢で健康が悪化し、ニーナがアメリカへの帰国を望んだため、一九〇二年、ニューヨークに移り、クーン・ローブ商会に入社します。アメリカに渡ったので、姓を「ウォーバーグ」と英語読みするようになりました。

渡米したポールは、なによりもまず、第二合衆国銀行の特許失効以来、六〇年以上にもわたり、中央銀行が存在しなかったアメリカの異常さに驚愕《きょうがく》します。これでは金融制度が機能しませんし、デフレも解消されるわけがありません。早速、『アメリカは中央銀行を必要としている』と題する報告書をまとめ、妻同士が姉妹という姻戚《いんせき》関係にあったジェイコブ・シフ(注)に提出しました。

レポートを受け取ったシフは、その内容には基本的に賛同しますが、四〇年にも及ぶアメリカ

(注) ジェイコブ・シフ (一八四七〜一九二〇)：一八四七年、フランクフルト生まれ。南北戦争終結直後の一八六五年に渡米し、株式の仲買で成功を収め、巨額の富を築く。ポール・ウォーバーグ同様にソロモン・ローブの娘を妻に迎えている。ちなみにポールの弟フェリックスはジェイコブ・シフの娘フリーダと結婚。

シフは、鉄道建設に投資したほか、電信会社、ゴム産業、食品加工の分野にも進出した。ユダヤ人としてのアイデンティティを強く持ち、ロシアでのポグロムに苦しむユダヤ人の救済に尽力。シオニズムには反対だが、ユダヤ人のパレスチナ入植には多額の寄付をしている。

日露戦争のときに日本の戦時国債発行に協力してくれたユダヤ系資本家として有名(第四章参照)。

生活の経験から、アメリカ社会に蔓延する「(中央)銀行嫌い」やユダヤ人資本家に対する嫉妬と反感も痛感していました。そのため、「ユダヤ人である自分たちが中央銀行の創設を主張すれば、社会的な軋轢《あつれき》を招く可能性が高い」と考えます。そこで、ポールのレポートを鉄道王エドワード・H・ハリマンと、ナショナル・シティ・バンクの頭取ジェームズ・A・スティルマンの二人にだけ、内密に見せました。

ところが、ハリマンは「旧世界の金融秩序は、アメリカのような新世界には必要ない」と一蹴《いっしゅう》。スティルマンも中央銀行の設立には消極的でした。

サンフランシスコ大地震で中央銀行が復活

ポール・ウォーバーグの提案は、こうして歴史の中に埋没しそうになりましたが、ここで一九〇六年、サンフランシスコ大震災が発生。サンフランシスコ市内で地震による火災で八〇%の家屋が焼失し、三〇〇〇人が亡くなる大惨事となりました。

震災からの復興には巨額の資金が必要になります。なかでも、保険金を支払わなければならない保険会社は緊急に現金が必要です。しかし、被災地サンフランシスコの銀行が保有していた金《きん》の量は資金の需要に対して圧倒的に不足していました。そこで、全米各地から、金塊がかき集められることになりました。

その際、ナショナル・シティ・バンクのニューヨーク本店からは、三〇〇〇万ドル相当の金がサンフランシスコへ向けて運び出されました。そのため、パリに外遊中の頭取、スティルマンに代わってナショナル・シティ・バンクの留守を預かっていたフランク・ヴァンダーリップは、咄《とっ》嗟《さ》の判断で海外から大量の金を輸入し、なんとか取り付け騒ぎを起こさずに乗り切りました。

帰国したスティルマンは、こうした危機に接して、すっかり忘れかけていたポール・ウォーバーグのレポート『アメリカは中央銀行を必要としている』のことを思い出します。

さらに、翌一九〇七年一〇月、モンタナ州の銅山王F・アウグスタス・ハインツらがユナイテッド銅社の株買占めを謀って失敗したことから、金融恐慌が発生しました。これを機に、アメリカの産業界・金融界は中央銀行の必要性を認識するようになったのでした。

かくして、一九一〇年、ロードアイランド州選出の共和党上院議員、ネルソン・オルドリッチは、中央銀行実現の具体的なプランを練るべく、ジョージア州の大西洋に面した、モルガン所有のリゾート地、ジキル島で秘密会議を招集します。

会議のメンバーは、当初、オルドリッチのほか、J・P・モルガン共同経営者のヘンリー・デイヴィソン、ナショナル・シティ・バンクのフランク・ヴァンダーリップ、ハーヴァード大学の助教授から連邦財務次官となったエイブラハム・ピアット・アンドリュー、そしてポール・ウォーバーグの計五人で、後に、J・P・モルガン系ファースト・ナショナル・バンク・オブ・

ニューヨーク頭取のチャールズ・ノートン、J・P・モルガン系バンカーズ・トラスト・カンパニー社長のベンジャミン・ストロングが加わりました。

メンバーは、表向き、アヒル狩りに行くという名目で、ライフルを持ち、狩猟に行く格好をしてペンシルヴァニア駅から特別車両でジキル島に向かいました。島では、夜明けとともに起床し、サイクリングや水泳をした後、朝食を取り、暖炉のあるミーティング・ルームに終日籠《こも》って、その日に狩猟された雉《きじ》や鹿、海で採れたオイスターなどを食べながら、あるいは、葉巻をくゆらせながら深夜まで議論を重ねました。つまり、すべては秘密裡《り》に行われたのです。

アメリカの中央銀行として彼らがモデルにしていたのは英国のイングランド銀行でしたが、過去の歴史的経緯から、「中央銀行（セントラル・バンク）」に対するアメリカ社会のアレルギーが強いことを考慮し、当初は、「連合準備銀行（United Reserve Bank）」の名称が使われました。

「州の独立」を尊ぶ風土を配慮して、各地域に、その地域だけで独立して運営される準備銀行（金利の設定も独自に設定できる）を設立し、それらの独立した準備銀行がゆるく連携することで、連邦銀行群を形成するというのが基本構想でした。そして、各地の準備銀行が中央の準備銀行へ預金した場合、それは「準備金」として記帳されますが、地方の準備銀行が自行内で保管している準備金についても、連邦銀行群全体の準備とし、必要に応じて、ひとつの準備銀行から他の準備銀行へと移送できるとされていました。

これは、サンフランシスコ大地震の際の教訓から、ある地方で突然、取り付けが起きたとき、なるべく速やかに「見せ金」を準備するには、ある程度、地域ごとに資金を分散させておいた方が良いとの判断によるものです。

その後、連合準備銀行のプランは、議会が法案を可決しやすいようにとの配慮から、「国立準備銀行（National Reserve Bank)」へ、さらに「連邦準備銀行（Federal Reserve Bank)」へと改称され、地域連銀をひとつにまとめる組織として「連邦準備制度理事会（Federal Reserve Board)」を設置するという構成がまとめられました。

言葉尻をとらえて反対する人は、どこの国にもいるものですが、「銀行」という文字が入っているだけで拒否反応を示す人々に配慮して、「連邦準備制度理事会」になったのです。

こうして、オルドリッチは一九一〇年の議会に連邦準備制度法案を提出しましたが、当時の野党民主党はオルドリッチ法案に激しく抵抗します。審議が長引く中、同年の中間選挙で共和党は議席を減らして少数派に転落してしまいました。

ここで諦《あきら》めてはすべて水の泡となるため、ウォーバーグは、シフと共に、一九一二年の大統領選挙で連邦準備制度に協力的な候補として、民主党のウッドロウ・ウィルソンに白羽の矢を立てます。「とにかく連邦準備制度理事会を通してくれ。そうすれば資金は出す」と、クーン・ローブ商会として彼を全面的にバックアップしました。

彼らの協力を得たウィルソンは大統領選挙に勝利し、翌一九一三年三月四日、正式にアメリカ大統領に就任します。

ウィルソンはスポンサーとの約束を守りました。新政権の発足後ほどなくして、ウォーバーグの悲願であった連邦準備法が成立します。これが、現在まで続くＦＲＢの成り立ちです。

ちなみに、第一次大戦中の一九一七年、英国の外相アーサー・バルフォアが「英国政府は、パレスチナにユダヤ人の『民族的郷土』を設立することを支持する」との「バルフォア宣言」を発した際、ウィルソンは「牧師の息子として、私は、聖地を（ユダヤの）民の手に戻すようにしなければならない」と、直ちに、同宣言への支持を表明しています。

これは、キリスト教シオニズムの信奉者を意識した発言であるとともに、シフやウォーバーグらユダヤ系資本家の支援に応えようとしたものでもあったと考えてよいでしょう。

キリスト教シオニズム

キリスト教シオニズムという語については、少し説明が必要かもしれません。

シオニズムとは、辞書的な定義でいえば「全世界に離散した（とされる）ユダヤ人が、シオンの丘（＝エルサレム）を擁し、民族的郷土であるカナンの地（＝パレスチナ）に再結集してユダヤ人国家を作ろうとする運動」となります。現在、一般にシオニズムというと、ユダヤ人によるイスラエル建国運動やその理念を指すものとされていますが、これとは別に、キリスト教徒の間には、一六世紀以来、聖書の記述に基づいて、「約束の地＝パレスチナにユダヤ人国家を建設すべきである」との主張がありました。これがキリスト教シオニズムで、前章で述べた現在の福音派の源流といってもよいかもしれません。

アメリカでは、一八九一年、福音主義的なプロテスタントの伝道師だったウィリアム・ブラックストーンらが、当時のベンジャミン・ハリソン大統領宛に「ユダヤ人のためにパレスチナを」と題する嘆願書を提出。嘆願書は「(ポグロム＝流血を伴うユダヤ人迫害に苦しむ)ロシアのユダヤ人のために何をすべきか」との問いかけで始まり、「神は計画に沿って世界各地に各民族を配置したが、それによると、パレスチナはユダヤ人の故郷である。彼らは強制的にパレスチナを追放されたが、誰も、パレスチナの地に対する彼らの所有権を奪うことはできない」として、パレスチナの地をユダヤ人に戻すように訴えています。

このときの嘆願書には、ブラックストーンをはじめ、四〇〇名を超える非ユダヤ人のクリスチャンが署名しており、その中には、ジョン・D・ロックフェラーやジョン・P・モルガンなどの大財閥の当主や上院議員などの有力政治家なども多数含まれていましたが、嘆願書に署名したユダヤ人はごくわずかでした。この時点では、ドイツ出身であれ、ロシア・東欧出身であれ、アメリカに定住し、社会的に成功することを目指していたユダヤ系移民にとって、アメリカを離れてパレスチナに移住することなど、夢想だにしていなかったからです。

ところが、第一次大戦中、英国外相のバルフォアが発したバルフォア宣言をめぐり、アメリカのユダヤ人社会は分裂します。

大まかにいうと、早い時期からアメリカに移住し、社会的な成功者が比較的多かったドイツ系ユダヤ人が、ユダヤ教も単なる宗教にすぎないとして、ユダヤ人国家の建国を目指すシオニズム運動には批判的で、共和党支持者が主流だったのに対して、後発の移民で貧困層が多かった東欧系ユダヤ人はシオニズム運動を支持し、政治的には民主党の支持者が主流でした。こうした中で、東欧系は、在米ユダヤ人の意見を集約するために組織されたアメリカ・ユダヤ委員会に積極的に代表者を送り、一九一八年の代表者選挙では多数派を獲得。以後、ユダヤ委員会として、シオニズム支援の方針が確定し、ユダヤ人が組織票として民主党を支持するという構図が生まれます。ちなみに、この間の一九一六年に行われた大統領選挙では、ユダヤ人の五五％が民主党のウッドロウ・ウィルソンに投票しています。

いずれにせよ、FRB構想は、世論や議会の反対で潰《つぶ》されることを恐れ、水面下で秘密裡に進められたこと、さらに、その提唱者がユダヤ系名門銀行出身のウォーバーグであったことや、制度の実現に尽力したウィルソン大統領の選挙をクーン・ローブ商会が熱心に支援したことなども、陰謀論の「根拠」となっているようです。

しかし、そもそも、中央銀行の設立に向けた準備を極秘のうちに進めなければならなかった最大の理由は、アメリカ社会において、中央銀行アレルギーがあまりにも強かったからです。しかも、密談の場所はJ・P・モルガン所有のリゾート地ですから、FRBはモルガンが作ったと言えなくもありません。そして、モルガンはユダヤではありません。これらをあわせて考えると、やはり「ユダヤの陰謀」とするのはかなり無理があります。

ヘンリー・フォードの反ユダヤ主義

FRBの発足以外にも、第一次大戦中から戦後にかけてのアメリカ社会には、ユダヤ陰謀論に関して見逃すことのできない事件がありました。

その中心となったのが、自動車王として知られるヘンリー・フォード（一八六三〜一九四七）です。

一九一七年のロシア革命後、列強諸国は干渉戦争であるシベリア出兵を起こしましたが、その過程で、ロシア国内で流布していた偽書『シオン賢者の議定書』が欧米諸国に拡散します。『議定書』の正確な作者・制作年代は不明ですが、帝政ロシア末期の一九〇二年までに、ロシア秘密警察のピョートル・ラチコフスキーが、ユダヤ人迫害を正当化するため、モーリス・ジョリー（フランス）の『マキャベリとモンテスキューの地獄での対話』（一八六四年）をベースに、ヘルマン・ゲドシェ（プロイセン）の小説『ビアリッツ』（一八六八年）の設定を加味してパリで作ったとする説が有力です。

その内容は、ひとことでいえば、「ユダヤ人は、西洋文明を転覆させて人類を隷属させ、世界中の富をユダヤ人の手中に収めるためにありとあらゆる陰謀を巡らしている」というものです。具体的には、自由主義思想は秩序や公徳心を破壊するための陰謀、ダーウィンの進化論やニーチェの思想は教会の権威を失墜させるための陰謀、メディアやスポーツやポルノその他の娯楽は大衆を白痴化させるための陰謀、自由・平等・友愛の思想は革命を起こし国を滅ぼすための陰謀……といった具合で、一八九七年八月の第一回シオニスト会議の席上で発表された「シオン二四人の長老」による二四項目の決議文の体裁をとっています。

ちなみに、『議定書』の元ネタとされる『マキャベリとモンテスキューの地獄での対話』は、モンテスキューが自由主義を擁護し、マキャベリがナポレオン三世に側に立つという設定の架空の対話で、マキャベリに「政治はモラルと無縁だ、愚かな大衆には見せかけだけの民主制を与えて目を眩《くら》ませていればよい」と語らせることで、ナポレオン三世の非民主的政策と海外膨張政策を皮肉り、世界征服への欲望を皮肉る内容ですが、ユダヤ人についての記述はありません。『議定書』では地獄対話の内容のマキャベリ（ナポレオン三世）の部分がユダヤ人に置き換えて加筆されており、類似の表現が数多くみられます。

さて、欧米諸国にその存在が知られるようになった『議定書』は、一九二〇年にはドイツ語訳が出版されたのを皮切りに、ポーランド、フランス、英国、アメリカ、日本で翻訳や解説書が続々と刊行されました。ちなみに、わが国では、一九一九年、シベリア出兵から帰還した久保田栄吉が初めて紹介し、一九二〇年代には邦訳も出版されています。ただし、日本社会はユダヤ人との関わりが薄かったこともあって、反ユダヤ主義の宣伝というよりは、「ユダヤ人に学ぶ」といった観点や、日ユ同祖論などの文脈で理解されることが多かったようですが……。

さて、『議定書』の内容に強い感化を受けたフォードは、大々的な反ユダヤ・キャンペーンを展開することになります。

ヘンリー・フォードは、一九〇八年に販売を開始した〝モデルT（いわゆるT型フォード）〟の成功によって、フォード・モーターをいちやく世界的大事業の座に押し上げました。もともと、職人気質《かたぎ》で金融業や仲買人等を全く信用せず、生産性の向上こそがあらゆる経済的繁栄の源であると考えるフォードにとって、労働組合や共産主義は憎悪の対象でしかありませんでした。ただし、彼は、最良の労働者を雇い続けることは効率向上のために不可欠であるとして、会社として労働者の待遇を改善することには熱心でした。

全米で保有されている自動車のおよそ半分がモデルTになった一九一八年、フォードは、デトロイトの地方紙（週刊）『ディアボーン・インディペンデント』を買収。翌一九一九年一月から、秘書のアーネスト・G・リーボルドが編集長となり、同紙は全米のフォード自動車販売店の店頭で販売されるようになりました。

そして、一九二〇年五月から『議定書』の内容をもとに、同紙に「国際ユダヤ人・世界の問題」と題するコラムを執筆。「ファンがアメリカ野球についての問題を知りたいなら、それは三語で表せる。“too much Jews”（ユダヤ人が多すぎる）だ」と、「共産主義者の七五％がユダヤ人である」などといった自説を展開。これらは、同年中に『国際ユダヤ人』の題名で書籍として出版され、アメリカ国内で約五〇万部を売り上げ、さらに一六ヵ国語に翻訳されました。アドルフ・ヒトラーもその愛読者の一人です。

しかし、一九二一年八月一六日から一八日にかけて、フィリップ・グレイヴスが英紙『タイムズ』に「議定書の終焉《しゅうえん》」と題する記事を掲載。大英博物館の所蔵資料を用いて議定書が偽書であることを実証したことで、まともな言論人は『議定書』とフォードの反ユダヤ主義を相手にしなくなります。

その後も、フォードは『議定書』の内容を基に反ユダヤ主義やユダヤ陰謀論を盛んに吹聴していましたが、サンフランシスコの弁護士でユダヤ系農場の組合を組織したアーロン・サピロがフォードを名誉毀損で訴えたことに加え、ユダヤ人とキリスト教自由主義者らによるフォード車の不買運動が展開され、売り上げが急落。このため、一九二七年、『ディアボーン・インディペンデント』紙は廃刊に追い込まれ、フォードは発言を撤回し、謝罪しました。

ユダヤ人はメディアを牛耳っているのか

結局のところ、ユダヤの陰謀を語る人々はユダヤ人を過大評価しています。

ヨーロッパに比べると、アメリカではユダヤ人が集団的な暴力にさらされることは圧倒的に少なく、連邦の制度上はキリスト教徒とも平等な地位が保障されていました。それでも、アメリカはWASP（ホワイト・アングロ－サクソン・プロテスタント）が作ったキリスト教国ですから、やはり、マイノリティとしてのユダヤ人に対する差別感情は厳然と存在していました。ヘンリー・フォードの謝罪後も、状況は大して変わりません。

これに対して、アメリカでは、ユダヤ人がメディアや芸能界を席巻しているではないかと反論する人がいますが、ユダヤ人がこの分野に進出したのは一般企業での就職が困難であったことの裏返しとみるべきです。

一般企業では雇ってもらえないので、自分で事業を起こして自営業を営むか、試験に合格すれば入れる連邦政府職員を目指すか、そうでなければ芸能界のような実力勝負の世界に入るしかなかったのです。金融業は伝統的なユダヤ人の仕事ではありますが、近代に入ってユダヤ人以外の人が金融界に進出してきて成功し、非ユダヤ系の大手銀行はユダヤ人を雇ってくれないので、自分の銀行を作るしかないという面がありました。

たとえば、第一次大戦やロシア革命を経て、一九二〇年代のアメリカには、さらにユダヤ系移民が増加しましたが、これに対して、ハーヴァードやエール、コロンビア等の名門大学は、ユダヤ人学生に対して一定の割当数を設定し、ユダヤ人学生を露骨に排除する方向に動いています。特に、医学部のユダヤ人枠は極端に少なかったため、多くのユダヤ人学生がアメリカからイタリアに留学していきました。

これに対して、ニューヨーク市は人種とは無関係に成績如何《いかん》によって無料教育を提供したため、ニューヨーク市立大学には優秀なユダヤ人学生が集中。卒業後の彼らは、根強い就職差別が残っていた金融や法曹、医療を避け、不動産・出版・興行・映画などの分野に進出していくことになりました。

このうち、メディア業界におけるユダヤ人の進出に先鞭《せんべん》をつけた人物と言えば、なんといっても、ピューリッツァー賞にその名を留めるジョーゼフ・ピューリッツァーです。

ジョーゼフ・ピューリッツァーは、一八四七年四月一〇日、ハプスブルク帝国支配下のハンガリー南部のマコーで、ユダヤ人家庭に生まれました。南北戦争中の一八六四年、アメリカに移住し、北軍兵士としての従軍経験を経て、一八六八年、コロンビア大学を卒業します。

その後、ミズーリ州セントルイスでドイツ語の日刊紙『ヴェストリッヒェ・ポスト』で働き始めるとともに、共和党に参加し、一八六九年にはミズーリ州議会議員に選出されています。

州議会議員としてセントルイスでの社会的な地歩を固めたピューリッツァーは、一八七二年、三〇〇〇ドルで古巣の『ヴェストリッヒェ・ポスト』を買収。さらに、一八七八年には、ライバル紙の『セントルイス・ディスパッチ』を二七〇〇ドルで買収し、二紙を統合して『セントルイス・ポスト・ディスパッチ』を創刊し、セントルイスのメディアを牛耳る存在となります。

ローカル紙で成功を収めたピューリッツァーは、全米制覇の足掛かりとして、〝泥棒男爵〟ことジェイ・グールドが所有していた『ニューヨーク・ワールド』（以下、『ワールド』）紙に目をつけます。当時、アメリカ国内の鉄道を盛んに買収していたグールドにとって、年間四万ドルの赤字を垂れ流していた『ワールド』の売却話は渡りに船でしたから、一八八三年、同紙は三四万六〇〇〇ドルでピューリッツァーに売却されました。

『ワールド』を買収したピューリッツァーは、一八三三年に創刊の『ニューヨーク・サン』が大衆向けに犯罪報道や、自殺、死去、離婚といった個人的事件を報道して成功していたことに倣い、よりセンセーショナルなスキャンダル中心の編集方針を掲げます。彼の狙《ねら》いは見事に当たり、一八八三年に一万五〇〇〇だった部数は一八八五年にはアメリカ最大の六〇万部にまで急増しました。

『ワールド』の躍進を支えた名物記者としては、一八八七年に入社した女性記者のネリー・ブライ（本名：エリザベス・ジェーン・コクラン。ユダヤ人ではなくアイルランド系）が有名です。彼女は、患者を装ってブラックウェル島の女性精神科病院に潜入し、秘密を調査し暴露したほか、一八八八年にはジュール・ヴェルヌの『八十日間世界一周』をモデルとして実際に世界一周リポートを行うなど、当時としては斬新《ざんしん》な企画で多くの読者を獲得しました。

アメリカ一の新聞王となったピューリッツァーは、一八九二年、母校のコロンビア大学に世界初のジャーナリズム・スクールを設立する資金の提供を申し出ましたが、当時の学長セス・ロウはこれを拒絶しています。生真面目な学者のロウからすれば、ユダヤ人で、なおかつ〝いかがわしい新聞〟の発行者からの資金など受け取れないということだったのでしょう。ちなみに、ピューリッツァーの資金でコロンビア大学にジャーナリズム大学院が設立されるのは、彼が亡くなった後の一九一二年のことです。

さて、一八九五年二月一七日、それまで雑誌『トゥルース』に連載されていたリチャード・F・アウトコールトの漫画『ホーガンズ・アレイ』が、『ワールド』に場所を移して連載スタートします。『トゥルース』での『ホーガンズ・アレイ』はモノクロの不定期連載でしたが、『ワールド』では同年五月五日からカラー版が掲載されるようになり、ニューヨークではその人気が沸騰しました。

ところが、一八九六年、『ニューヨーク・ジャーナル・アメリカン』紙（以下、『ジャーナル』）

を買収したアイルランド系プロテスタントのウィリアム・ランドルフ・ハーストは、同紙の目玉として、アウトコールトを引き抜き、『ホーガンズ・アレイ』は主人公のイエロー・キッドにちなんで『イエロー・キッド』と改題されて『ジャーナル』での新連載が始まりました。

人気のコンテンツを横取りされたピューリッツァーは、対抗措置として、画家ジョージ・ラックスにイエロー・キッド漫画の新シリーズを書かせ、連載を継続します。

この結果、イエロー・キッドの漫画が競合二紙で同時に連載されるという前代未聞の事態となりました。三流新聞を揶揄《やゆ》していう〝イエロー・ペーパー〟との表現は、『ワールド』と『ジャーナル』が、いずれもセンセーショナルな記事を特徴とした大衆紙だったことにくわえ、イエロー・キッド漫画を掲載していたことに由来するものです。

ちなみに、イエロー・ペーパーに対して、クオリティ・ペーパーの筆頭とされることの多い『ニューヨーク・タイムズ』ですが、一八五一年創刊の同紙が『チャタヌーガ・タイムズ』紙の経営者でユダヤ系移民二世のアドルフ・オークスによって買収されたのは、一八九六年のことでした。

生粋の新聞人として、『ワールド』と『ジャーナル』のイエロー・ペーパー戦争を苦々しく思っていたオークスは、「恐怖や好みに陥らない、公平なニュースを届ける」ことを編集方針の基本とし、一八九七年からは新聞の第一面に〝All The News That's Fit To Print（印刷に値するニュースのすべてを)〟とのスローガンを掲げ、『ワールド』や『ジャーナル』に対して真っ向から勝負を挑みます。

オークスは、資金的には必ずしも余裕があるわけではなかったにもかかわらず、広告も内容も吟味して不良スポンサーを排除し、料金も一部三セントから一セントに値下げします。そのうえで、質の高い編集方針を維持することで、一年で部数を三倍に伸ばし、現在の同紙の基礎を築きました。

その後、イエロー・ペーパーとしての『ワールド』と『ジャーナル』の熾烈《しれつ》な競争は、スペイン領だったキューバの独立戦争の報道をめぐって加熱し、一八九八年二月、ハバナ港に停泊中のアメリカの戦艦メイン号が爆発し、将兵ら二六六名が亡くなる事件が発生すると、「メイン号を忘れるな」のスローガンとともにアメリカをスペインとの戦争に誘導していくことになります。

さらに、一九二三年には、中国で生まれ育った改宗ユダヤ人のヘンリー・ルースが『タイム』誌を創刊。以後、『ライフ』、『フォーチュン』、『スポーツ・イラストレイティッド』などでアメリカ雑誌文化の原点を築いていきます。また、ロシア出身のデービッド・サーノフも、同年、アメリカ初の全国ネットのラジオ放送系列「NBC」を創立し、その実績を基に、一九三九年にはRCAによる全米最初のテレビによる定時放送を開始しました。

このほか、放送関係では、ウクライナ出身のユダヤ移民二世のウィリアム・ペイリーは、一九二七年に買収したローカルラジオ局をベースに、ＣＢＳネットワークを構築していきます。

　こうした一連の経緯を見てみると、たしかに、アメリカのメディアにはユダヤ人が作ったという面があるといえましょう。

　ただし、統計的な観点から言えば、アメリカの新聞業界が隆盛を極めていた一九七〇年の時点でさえ、日刊紙一七四八紙のうち、ユダヤ人オーナーが経営する新聞社はわずか三％、総発行部数のうち、ユダヤ人オーナーの企業が発行するものは全体の八％とごく少数でした。したがって、ユダヤ人がメディアを支配しているというのは、（少なくとも新聞業界に関しては）明らかに過大評価です。

第二次大戦と映画『紳士協定』

　アメリカのユダヤ人をめぐる誤解の一つに、アメリカはナチス・ドイツに迫害されたユダヤ難民を積極的に受け入れたというものがあります。

　実際には、ニューディール政策で知られるフランクリン・ルーズベルト政権は、一般のユダヤ難民のアメリカへの受け入れには、終始一貫、極めて消極的でした。

　ドイツでヒトラー政権が誕生した一九三三年の時点では、全世界のユダヤ人人口一五五〇万人のうち、四五〇〇万人がアメリカ在住で、その約半数がニューヨークに集中していました。このため、アメリカ国内では、〝ユダヤ人〟という特定の人々の救済は、逆に反ドイツ主義・反ユダヤ主義を起こしかねないとの懸念が強く、当時の新聞のアンケートでは、ユダヤ人が政府の職に多く就きすぎていると考える者が二四％、ヨーロッパでユダヤ人が迫害を受けているのは彼ら自身の責任であると思う者が三五％、ドイツから多数のユダヤ人がアメリカに亡命してきた場合の受け入れに否定的な者が七七％という結果が出ています。

このため、一九三三年五月、ニューヨークで〝亡命ドイツ人学者緊急援助委員会（一九三八年以降は名称を亡命外国人学者緊急援助委員会に改称）〟が創設され、資金の相当部分はロックフェラー財団、カーネギー財団など非ユダヤ系財団が負担したものの、彼らの関心は、あくまでも〝一流の人材〟を独占することにあり、人道上の見地から一般の亡命ユダヤ人を救済しようという意図はまったくありませんでした。むしろ、ハーヴァードなど主要大学の関心は、当初、ドイツを去ったユダヤ系亡命知識人の支援よりも、ナチス体制下でのドイツとの友好関係を維持することに腐心しており、一九三六年五月にはハーヴァード学長のコナントがアインシュタイン（一九三三年にプリンストン高等学術研究所の教授に就任）らの抗議を無視して、ハイデルベルク大学創立五五〇年祭に代表を派遣し、「知的世界の連帯は重要」とのメッセージを送ったほどです。

実際、一九三八年七月、フランスのエヴィアン・レ・バンで開催された難民会議（エヴィアン会議）では、アメリカを含む参加三二ヵ国のうち、人口が少なく移民の受け入れに積極的なドミニカ共和国を除き、全参加国が移民の入国制限緩和に消極的で、会議は具体策を打ち出せないまま閉会しています。各国代表が口々に「我々はユダヤ難民に手を差し伸べるのにはやぶさかではないが、我が国の現状が、それを許さぬのはまことに遺憾とするものである」と弁明したのに対して、ドイツ外相リッベントロップは「我々がドイツからユダヤ人を放逐しようと思っても、どこも受け入れてくれる場所がない」とうそぶいていました。

会議後の一九三九年五月には、アメリカはユダヤ難民の受け入れ制限を厳格化します。ユダヤ難民九三七名を乗せ、ハンブルクを出航したセントルイス号は、当初の目的地キューバで上陸できず、アメリカからも入国を拒否されて、欧州へ戻らざるを得ませんでした。（セントルイス号事件）。さらに、翌六月に施行されたスミス法では、外国人受け入れ取締りが強化されています。

こうしたアメリカ国内の空気を反映したものとして、第二次大戦終戦直後の一九四七年に公開された映画『紳士協定』があります。エリア・カザン監督、グレゴリー・ペック主演、第二〇回アカデミー賞で作品賞・監督賞・助演女優賞を受賞した古典的名画です。

主人公のフィル・グリーンはジャーナリストで、妻を亡くしたのを機に、カリフォルニアからニューヨークに引っ越してきました。そこで、週刊誌の編集長から反ユダヤ主義に関する取材を依頼され、ユダヤ人になりすまし、その体験をレポートすることにします。すると、ユダヤ人だと言うだけで、息子がいじめられたり、高級ホテルの予約が取り消されたり、さらには、再婚を誓った婚約者のキャシー（フィルに記事を依頼した編集長の姪）との婚約も解消されてしまいました。

ところが、フィルの記事が雑誌に掲載され、その内容が称賛されるとともに、彼がユダヤ人でないことも公になった途端、人々の態度は豹変《ひょうへん》。フィルは内心で苦々しさを覚えつつも、キャシーとの関係を修復します……。

物語のあらすじはざっとこんな感じです。

映画『紳士協定』は、社会の病理を抉《えぐ》り出した作品で、第二次大戦後の一九四〇年代後半になっても、依然として、ユダヤ人に対するあからさまな差別が、少なくともアメリカの東海岸では残っていたことを伝える史料としても大いに価値があります。

なお、主人公がカリフォルニアからニューヨークへ移住した設定も重要な意味があります。西海岸はハリウッドなど芸能界の中心地ということもあり、ユダヤ系に対する偏見が少なかったのに対して、東部では非常に強い差別感情があり、そんな地域差も映画はさりげなく示唆しているからです。

第二次大戦や一九五〇年に始まる朝鮮戦争で、多くのユダヤ人が米軍兵士として従軍し、戦死しました（写真参照）。

このことは、アメリカ社会におけるユダヤ人の地位を高め、ユダヤ人に対する差別や偏見を和

右は第二次大戦直後の「スーパーマン」の１頁。近所に引っ越してきたサムがユダヤ人であるという理由で友達になろうとしないトミーを、スーパーマンが戦没者の墓地に連れていき、硫黄島では多くのユダヤ人がアメリカのために戦って戦死したことを教え、同じアメリカ人であるユダヤ人への差別を止めるよう訴える内容となっている。左は1960年に韓国が発行した国連記念墓地（釜山）の切手。ユダヤ人戦死者のための「ダヴィデの星」の墓標も描かれている。

らげるうえで大きな役割を果たしました。

それでも、実際には、アメリカ社会の反ユダヤ感情や偏見は根強く残っていたのです。

第一章で少し触れたように、ユダヤ人は投票率が高く、その組織的な集票効果でもって、反ユダヤ的な候補は落とす、そうでない候補に投票するという形で、徐々に政治的な発言力を確保していきました。その成果として、ユダヤ票が国政レベルで一定の影響力を持つようになるのは、基本的には、一九六〇年代のケネディ政権以降のことです。

その点からも、一九二〇年代に創

設されたＦＲＢの背景に、「ユダヤの陰謀」が入り込む余地はないのです。

ケネディ暗殺

本章の最後に、アメリカに関する陰謀論の題材としては、定番といってもよいケネディ暗殺についても、少し考えてみましょう。

陰謀論	ジョン・Ｆ・ケネディも政府紙幣を発行しようとしたから、ユダヤ人に暗殺された。

ケネディ暗殺に関しては、謎が多すぎて、詳しいことはよくわかりません。公式発表通り、オズワルドの単独犯という論者が多いものの、その背後に、キューバ（カストロ）やソ連、ＣＩＡなどの陰謀があるという説も唱えられています。

ただし、仮に暗殺の背後に何らかの陰謀が存在するのであれば、一番現実味があると思われる黒幕はマフィアもしくはマフィアと結びついた労働組合（全米トラック運転手組合「チームスターズ」）の委員長ジミー・ホッファではないでしょうか。いわばアメリカ版の関西生コン事件です。ただ、ホッファの不正を摘発しようと調査していたのはジョン・Ｆ・ケネディではなく、弟のロバートでした。

ジョンとロバートの父親であるジョセフ・P・ケネディは、違法すれすれのインサイダー取引や禁酒法時代の密造酒ビジネスで巨額の富を得て政界への進出を目指した人物で、マフィアや労働組合を通じて買収や資金調達などを行うなど、犯罪組織とも深いつながりがありました。ジョンも大統領になることが先決で、ロバートに対しては「そんな硬いことを言わなくてもいいじゃないか」という姿勢でした。ジョンの私生活自体が乱れていて、女性問題なども相当抱えていたのを、裏社会にもみ消してもらったりしていたという事情もありました。

ロバートは、ハーヴァード大学とヴァージニア大学のロースクールで法律を学び、一九五一年に弁護士資格を取得し、一九五一年一一月、司法省刑事局国内保安課（ソ連のスパイを捜査するセクション）の法律スタッフの職を得ました。そして、翌一九五二年、兄のジョンが上院議員に当選すると、司法省勤務の経歴を買われ、父ジョセフの知人でもあったアイルランド系の共和党上院議員、ジョセフ・マッカーシーの上院政府活動委員会常設調査小委員会の下級法律顧問に就任。続いて、上院労働福祉委員会に設置されたマクレラン委員会の主席法律顧問となります。

マクレラン委員会は、もともとは労働搾取の問題を扱うために設立されましたが、やがて組織犯罪と労組の腐敗の追及へも手を広げ、ここで、ホッファと労働組合の闇を徹底的に追及して名を挙げます。こうしたロバートの行動によって、人々は兄のジョンにもクリーンなイメージを持つようになり、これが一九六〇年の大統領選挙でジョンにとって大きくプラスに働いたことは間違いありません。

ケネディ政権が誕生すると、ロバートは司法長官に任命され、組織犯罪の撲滅に力を注ぎました。マフィアの大ボス、カルロス・マルチェッロを逮捕し、ホッファも刑務所へ送ります。

一九六三年にジョンが暗殺される直前にも、ロバートは司法省・商務省・国税庁を総動員して組織犯罪の本拠地であったラスベガスを急襲する計画を練っていました。そのため、兄の暗殺直後、ロバートは「自分が殺《や》られると思っていた」と語っています。

こうしたことからすると、ケネディ暗殺の背後に黒幕がいるとするなら、マフィアの差し金というのが最も信憑性《しんぴょうせい》のある説だと、私は思っています。今後、新証拠、新証言でも出現すれば、話は別ですが、少なくとも現時点で、ケネディ暗殺に「ユダヤの陰謀」を見るというのはかなり無理な議論ではないでしょうか。

第三章　共産主義はユダヤの思想⁉

マルクスは反ユダヤ主義のユダヤ人

陰謀論	共産主義はユダヤ人の思想だ。ユダヤ人は共産主義を広めて世界を支配しようとしている。

ユダヤ陰謀論の中でも、定番（？）とされるものの一つが、共産主義とユダヤを結び付けようとする議論です。

結論から言えば、共産主義の信奉者にはユダヤ人が少なからずいるものの、共産主義がユダヤ人の思想だというのはかなり無理があります。

そもそも、共産主義とは何か、というところから始めましょう。

その語源は、ラテン語で「共有」や「共有財産」を意味する「コムーニス（communis）」ですが、コミュニズム（共産主義）という語を、財産を共同所有することで「完全な平等」の社会をめざす意味で使ったのは、フランソワ・ノエル・バブーフが最初です。この人は、フランス革命の混乱の最中に、政府転覆の陰謀を企てたとして処刑されてしまいます。

バブーフは、一七六〇年、フランス北部ピカルディーのサン＝カンタンの貧農の家に生まれました。なお、彼はユダヤ人ではありませんので、念のため。父クロードは軍を脱走し、以来ヨーロッパ各地を放浪します。その間、バブーフは父親からフランス語、ドイツ語、ラテン語や数学を学び、ルソーをはじめ啓蒙《けいもう》思想家の著作に接して自由思想に傾倒しました。

一七八四年、北フランスのロアで土地台帳管理人になりましたが、領主の不正を目の当たりにして土地私有制度の弊害を痛感。一七八九年には『永久土地台帳』と題する著書をパリで発表し、農地の均分と税制改革を主張します。

時あたかも、一七八九年七月一四日、パリでは市民がバスティーユ牢獄《ろうごく》を襲撃し、フランス革命が勃発《ぼっぱつ》。出版のためパリに滞在中だったバブーフは革命にじかに接して感化され、土地台帳管理人を辞職するとともに、故郷のサン＝カンタンで革命運動に身を投じました。

当初、バブーフはマクシミリアン・ロベスピエール率いるジャコバン派の急進改革路線と一七九三年憲法(注)を熱烈に支持していました。一七九三年憲法は、人民主権、男子普通選挙制度、人民の労働または生活を扶助する社会の義務、抵抗権、奴隷制廃止など定めた民主的憲法でした。国民公会では採択されたものの、ジャコバン派は「平和の到来までは施行を延期する」として、恐怖政治（いわゆるテロリズムの語源）で反対派を容赦なく粛清しました。

（注）一七九三年憲法：共和暦一年憲法、ジャコバン憲法とも。反革命の動きや対外戦争を理由に、施行が延期され、実施には至らなかった。ちなみに、フランスでは大革命以来、現行の第五共和政に至るまでに一〇もの憲法が制定されている。

このため、一七九三年憲法の信奉者であったバブーフは、ジャコバン派と袂《たもと》を分かち、一七九四年七月、テルミドールのクーデター(注)では反ジャコバン派に回ります。

しかし、クーデター後のテルミドール派は市民革命を収束させ、穏健な政策を目指したため、一七九四年九月、バブーフは『出版自由新聞』(後に『人民の護民官』と改称)を発刊します。

「護民官」は平民の権利を守るために設置された古代ローマの役職です。特に、公有地の占有面積を制限するリキニウス・セクスティウス法の復活を主張して殺されたグラックス兄弟(注)が有名です。バブーフは、平等を目指し、改革に命を懸ける覚悟を示すため、自らをグラックスになぞらえ、グラキュース・バブーフのペンネームで『人民の護民官』紙で言論活動を展開しました。

『人民の護民官』は、要するに「平民の味方」です。バブーフにとってジャコバン派は危険すぎ、穏健派は反革命だったのです。

バブーフは『人民の護民官』紙上で「一般に革命とは何か。特に、フランスの革命とは何か。それは貴族と平民の間、金持ちと貧乏人の間で宣言された戦争なのだ」として、制度上・法律上

(注)テルミドールのクーデター:革命暦テルミドール九日(七月二七日)、ジャコバン派の恐怖政治を嫌った反ロベスピエール派によるクーデター。ロベスピエールをはじめとするジャコバン派が逮捕・処刑され、穏健共和派が国民公会の主導権を握った。

(注)グラックス兄弟(兄・前一六三~前一三三、弟・前一五四~前一二一):兄ティベリウスは元老院の保守派と対立して殺害される。弟ガイウスも改革を試みるが反対派に攻められ、自殺。

の平等にとどまらない事実上の平等を求めます。言い換えれば、機会の平等ではなく、結果の平等を求めました。

『人民の護民官』第三五号（一七九五年一一月三〇日付）に彼が発表した「平民派宣言」では、「土地は万人のものである」との認識の下、個人が必要以上の土地を私有することは「社会的窃盗」であると非難します。その上、「（真の平等に）到達する唯一の方法は、共同の管理を打ちたて、私有財産を廃止し、各人の才能を各人が心得ている仕事に結びつけ、各人にその成果を現物で共同保管所に供給させ、分配の管理を打ちたてることである」との主張を展開しました。

その後の共産主義国家の先駆けとなるような主張ですが、これはバブーフのオリジナルではありません。実は、革命戦争の最中、フランスでは軍の一部部隊を対象として、物品の共同管理と配給制が実施されており、バブーフはそれを国家全体に拡大しようとしたのです。

さらに、バブーフは、フィリッポ・ブオナローティ（イタリア貴族）、オーギュスタン＝アレクサンドル・ダルテ（パ・ド・カレー県の行政官、革命裁判所の検事）、シルヴァン・マレシャル（詩人、作家）などの同志を得て、パンテオン・クラブと称する秘密結社を結成。激しい政権批判を展開しました。

当時の総裁政府（一七九五年成立）には左右の敵が大勢いました。そこで、王政復古や一七九三年憲法の復活などとともに、「土地均分法のもとに財産の略奪及び分割をそそのかす者」を危険分子として死刑にすることを布告。一七九六年二月二八日、パンテオン・クラブは警察によって閉鎖されます。

そこで、バブーフら急進派は、革命的独裁の樹立を目指して武装蜂起《ほうき》を企てたものの、計画は密告により発覚。決行前日の同年五月一〇日、バブーフは逮捕されました。いわゆる「バブーフの陰謀」です。ちなみに、「独裁」の語を「階級独裁」の意味で使ったのもバブーフが最初です。

裁判の結果、一七九七年五月二七日にバブーフとダルテは処刑され、バブーフとともに拘束された死刑を宣告されたブオナローティはナポレオン・ボナパルトの尽力で死刑を免れます。そして、一八二八年、『バブーフの、いわゆる平等のための陰謀』を上梓《じょうし》し、私有財産の否定を唱えた、この一七九六年の事件の意義を訴えました。

ブオナローティの著書は出版当初はあまり注目を集めませんでした。しかし、時代は、ナポレオン戦争（一七九九〜一八一五年）を経て、一八一五年に王政復古、そして、一八三〇年にフランス七月革命へと移り変わります。七月革命では、旧体制を復活させようとするブルボン朝のシャルル一〇世こそ打倒したものの、ルイ＝フィリップという新たな国王の即位という結果に終わります。そこで、大いに失望した共和主義者たちは、ブオナローティの著作を通じて、バブーフの思想と行動に興味を持つようになったのです。

バブーフの唱えた完全平等主義は、徐々に、コミュニズム、すなわち共産主義と呼び変えられ、一八四〇年代以降、マルクスらにも大きな影響を与えることになります。

このように、バブーフはマルクス以前の共産主義の先駆者ともいうべき存在ですが、彼とその同志たち、その思想信条などは「ユダヤ」とは全く無関係です。したがって、歴史的事実としては、共産主義のルーツは、「ユダヤ」とは無関係に、フランス革命の中から生まれてきたというのが適切だろうと思われます。

マルクスは血統的にはユダヤ人だが……

現在、共産主義というと、一般には、カール・マルクスとフリードリヒ・エンゲルスが体系化した思想のことを言い、それゆえ、マルクス主義と共産主義はほぼ同じ意味で使われています。「共産主義はユダヤの思想」と主張する人たちは、このマルクスが血統的にユダヤ人であったことを自説の根拠（のひとつ）としていますが、その主張にどれほどの妥当性があるのか、見ていくことにしましょう。

カール・マルクスは、一八一八年五月五日、ドイツ南西部のトリーアで生まれました。

父親のヒルシェル（後にハインリヒと改名）はユダヤ教のラビ（宗教指導者）で弁護士、母親のヘンリエッテ（旧姓プレスボルク）はオランダ出身のユダヤ教徒で、カールは二人の間の次男（姉がいるので第三子）です。

マルクス家は、一七二三年以来、トリーアのラビ職を輩出してきた家柄で、カールの祖父マイヤー・ハレヴィ・マルクス、伯父ザムエル・マルクスもラビを務めています。また、父のヒルシェルもラビの資格を持っていました。しかし、その一方で、フランス革命という時代背景の下、ヴォルテールやディドロの影響を受けた自由主義者でもあり、さらに、一八一二年にはフリーメイソンの会員にもなっています。

フリーメイソンは、「自由」、「平等」、「友愛」、「寛容」、「人道」の基本理念の下、宗教の枠を超えて活動しようという友愛互助組織です。その基本的な性格は、ロータリークラブやライオンズクラブともよく似ています。

ただし、宗教の枠を超えて、理性や自由博愛の思想を掲げることは、特定の宗教に優越的な地位を与えないということでもあります。そのため、カトリック教会など、宗教権力はフリーメイソンを自由思想として敵視しました。特に、フランス革命の指導者にはフリーメイソンの会員が数多く含まれていたため、反革命派は彼らを体制転覆の陰謀組織として攻撃しました。

もともと秘密結社であったフリーメイソンですが、反対派からの弾圧を避けるため、秘密結社としての性格がより色濃くなり、ますます陰謀論者の妄想を掻《か》き立てる存在となっていきました。ここに、キリスト教の伝統的な反ユダヤ主義が結びつき、「ユダヤの組織であるフリーメイソン」の陰謀がまことしやかに語られることになります。

しかし、フリーメイソンは、そもそも、キリスト教であれユダヤ教であれ、特定の宗教にこだわらないことが大前提ですから、「ユダヤの組織」ということはあり得ません。ただし、入会に際しては、何らかの真摯《しんし》な信仰が必要で、無神論者は原則として入会できません。

マルクスの父ヒルシェルは、フリーメイソンの会員になるくらいですから、世襲の職務としてラビの資格は持っていたものの、ユダヤ教の信仰に強いこだわりを持っていませんでした。

このため、ナポレオン失脚後のウィーン会議で、一八一六年、トリーアがプロイセン領となると、プロイセンの司法大臣により、弁護士資格を維持するためにはユダヤ教から改宗しなければならないと指示されたヒルシェルは、遅くとも一八二〇年までに、プロイセンの国教であるプロテスタントに改宗し、洗礼名として「ハインリヒ」を名乗るようになりました。

改宗ユダヤ人としてのマルクス

ところで、この時代のユダヤ人の改宗問題については、若干の説明が必要かもしれません。

日本語ではユダヤ人とユダヤ教徒は別の単語として使い分けていますが、たとえば、英語のjewにユダヤ人、ユダヤ教徒の両方の意味があるように、欧米語では両者を区別せず、同じ語が使われるのが一般的です。

これは、近代以前のキリスト教世界では、ユダヤ人とユダヤ教徒がほぼイコールだったからです。もちろん、血統としてのユダヤ人が、宗教としてのユダヤ教を信仰しているとは限りません し、非ユダヤ人の家庭に生まれ育った人であっても、正規の手続きを経て、ユダヤ教に改宗することは可能です。実際、一五世紀のイベリア半島では、ユダヤ人への迫害が激しかったため、キリスト教に改宗するユダヤ人、「コンヴェルソ」が少なからずいました。

しかし、ヨーロッパ全体から見れば、近代以前には、改宗ユダヤ人の数は圧倒的な少数派で、ユダヤ人／ユダヤ教徒はキリスト教社会では「枠外」の存在とみなされていました。

すなわち、ユダヤ人／ユダヤ教徒は、一定の納税義務と引き換えに、国王の勅許状で安全を保障（王による後見）されていました。

しょっちゅう迫害され、なにかと踏んだり蹴ったりの印象が強いユダヤ人ですが、年がら年中、虐殺され放題だったわけではないのです。平時は、社会的な差別を受けながらも、マイノリティとして独自のユダヤ人社会を形成し、ユダヤ教の風習を守り、ユダヤ人として生きていました。そして、中には、医学や金融、芸術、芸能などの特殊な能力により、領主や国王の個人的な〝資産〟として、一般のキリスト教徒領民よりも豊かな生活を保障される者も少数ながら存在していました。

ところが、一七八九年に始まるフランス革命が「国民国家」という概念を持ち出してきたことで、ユダヤ人の社会的な地位も大きな変容を迫られます。

フランス革命の基本理念は自由・平等・友愛です。平等ということは、宗教宗派を問わず、「フランス国民」として誰もが同じ権利と義務を有する、ということです。当然のことながら、フランス国内のユダヤ人／ユダヤ教徒も、国王や貴族の〝資産〟という立場から解放され、ユダヤ人／ユダヤ教徒である以前に、「フランス国民」とされます。逆に言えば、「フランス国民」はフランス語を話し、フランス社会に溶け込まなければなりません。

この流れを特に進めたのが、一八〇四年に皇帝として即位したナポレオン・ボナパルトでした。一八〇六年七月、皇帝ナポレオンは、ユダヤ人名望家会議を招集します。会議は翌一八〇七年四月まで続きました。そして、ユダヤ教徒を「フランス国民」に組み入れ、国民の力を国家に吸収するためには、フランスのユダヤ教徒が、他国のユダヤ教徒と連帯する以上に、フランスに忠誠心を感じるよう、ユダヤ教徒を改変することが必要です。そのため、ナポレオン法典（一八〇四年制定）とユダヤ社会の慣習やタルムードは矛盾しないとされました。

これを契機に、その後、ユダヤの側からフランス社会への同化が進められ、またフランス国家からのユダヤ人への同化圧力も増していきます。

一八〇六年八月二三日、パリで開催されたサンヘドリン（古代エルサレムの最高宗教裁判所に由来する名称）では、①ある国に生まれ育ち、あるいは居住その他の理由でその国の市民となったユダヤ人（イスラエルの民）は、その国を祖国と見なすのが宗教的義務である、②したがって、フランスのユダヤ人は他のフランス人を愛すべきである、③フランスでの法廷の判決はユダヤの法令に優先する、ことが決定されます。逆に言えば、それ以前は、そうではなかったわけです。

一八〇八年になると、「平等」の名目で同化政策はさらに進められます。三月一七日に発せられた国務院の政令では、ラビに対して、「ユダヤ教徒に兵役を神聖な義務と見なすようにし、兵役中は法と両立しないような宗教的規定を順守する必要はないと明言すること」が命じられます。

ユダヤ教では、毎週金曜日の日没から土曜日の日没までを「安息日」として、一切の労働が禁じられています。イスラエル国内では、ユダヤ教の宗教的な義務を果たすため、安息日にはエレベーターを各階停止の全自動運転となる建物もあります。エレベーターのボタンを押すことも「労働」の一種とみなされるからです。

現代イスラエルのように、ユダヤ人多数派の国ならいいですが、そうでなければ問題が起こります。ユダヤ教の戒律に忠実に従えば、安息日に兵士として戦闘や訓練を行ったり、義務教育の学校で学び、あるいは授業を行ったりすることは不可能です。しかし、ナポレオンのフランス政府は、ユダヤ教徒である以前にフランス国民としての義務を果たすことを彼らに求めたのです。

また、一八〇八年七月二〇日の法令では、ユダヤ人／ユダヤ教徒のフランス国民への同化をさらに進めるため、「ユダヤ人は他のフランス人と同様の姓をもたねばならない」として、旧約聖書から引用した名前、出身の都市名の姓を名乗ることが禁止されました。

大日本帝国による朝鮮統治の悪行として、しばしば、「創氏改名」を持ち出す人がいます。歴史的な事実から言えば、日本式の戸籍制度に編入する「創氏」と日本式の姓名を名乗る「改名」は全く別のもので、「創氏」が義務とされていたのに対して、「改名」はあくまでも本人の希望により行われるものでした。もちろん、「改名」を希望する朝鮮人は、自分の自由意思で、所定の手数料を払って、名前を選ぶことができました。ですから、「朝鮮名を変えさせられた～。日本はこんなひどいことをした～」はウソです。

しかし、当時のフランス政府は「こんなひどいこと」を本当にやりました。一八〇八年七月二〇日の法令が、同化政策として、いかに強烈だったたか、おわかりいただけるかと思います。

こうして、フランスは「国民国家」を形成し、ユダヤ人／ユダヤ教徒をフランス国民として統合していったわけですが、ドイツやイタリアなどでも国民国家としての統合が進むにつれ、似たようなユダヤ人／ユダヤ教徒政策が導入されていくことになります。

一方、ユダヤ社会の側も、こうした社会潮流の変化を積極的に受け入れようとする立場の人と、それを拒否してユダヤ人の独自性にこだわる立場の人に分かれていきました。

前者の中には、それぞれの地域の「国民」であることを積極的に受け入れる証として、一九世紀前半、キリスト教に改宗する者が激増します。プロイセンの弁護士として、プロテスタントに改宗したカール・マルクスの父、ハインリヒことヒルシェルは明確にこの立場でした。

一方、カールの母、ヘンリエッテはオランダ出身でドイツ語でのコミュニケーションが得意ではなかったこともあって、なかなか改宗しませんでしたが、最終的には改宗しました。こうした家庭環境に生まれたカールは六歳のときにプロテスタントに改宗し、非ユダヤ教徒として周囲のユダヤ教徒に囲まれて育つという、複雑な幼少期を過ごします。

「ユダヤ人問題に寄せて」の露骨な反ユダヤ主義

改宗ユダヤ人として成長したマルクスのユダヤ観はかなり辛辣《しんらつ》で、反ユダヤ主義者に近いといっても差し支えありません。

もっとも、改宗ユダヤ人がユダヤ人／ユダヤ教徒に対して厳しいのは決して珍しいことではなく、たとえば、レコンキスタの時代（七一八～一四九二年）のイベリア半島の改宗ユダヤ人、コンヴェルソたちは、自分たちの立場を守るためにも、ユダヤ教の信仰を維持していたユダヤ人の迫害に積極的に加担し、一四九二年八月二日、スペイン王家がユダヤ人の国外追放を目的として〝ユダヤ人排除勅令〟を発すると、その熱烈な支持者となりました。なお、スペインのユダヤ人については第六章（「ユダヤ人の歴史―セファルディムー」）で述べます。

マルクスのユダヤ観は、『共産党宣言』や『資本論』をはじめ、彼の膨大な著作を丹念に当たっていけば、いたるところからピックアップすることができますが、とりあえず、そのものずばりの論文として、一八四四年に『独仏年誌』に寄稿された「ユダヤ人問題に寄せて」があります。以下、この問題を扱った神田順司氏の論文、「マルクスとユダヤ人問題」の内容を紹介しつつ、見ていくことにしましょう。

そもそも、マルクスは、ユダヤ人／ユダヤ教徒は拝金主義者であり、「ユダヤ教」の本質は「ボロ儲《もう》け」の追求であると決めつけて、以下のように主張しています。

　ユダヤ教の現世的根拠とは何か。それは実利的欲求すなわち利己心である。ユダヤ人の現世的崇拝の対象は何か。それはボロ儲けである。ユダヤ人の現世的な神とは何か。それはカネである。よしそうだとすれば、ボロ儲けとカネから、すなわち、この実際的で現実的なユダヤ教から解放されることが現代の自己解放ということになろう。

また、「ユダヤ人問題に寄せて」の最後は、次の文章で結ばれています。

　社会がユダヤ教の経験的本質を、つまりはボロ儲けとその諸前提を廃棄できれば、ユダヤ人の存在は即座に不可能になる。なぜならユダヤ人の意識はその対象を失うからである。つまり、ユダヤ教の主体的基礎すなわち実利的要求が人間化されるからであり、人間の私的存在と類的存在との抗争が止むからである。ユダヤ人の社会的解放とは、社会をユダヤ教から解放することである。

東西冷戦の時代には、「差別のない、平等な社会主義社会」の理論的支柱であるマルクス主義の開祖、マルクス本人が露骨な「反ユダヤ主義者」であっては格好がつかないので、マルクス研究者たちは、「マルクスは『ユダヤ人』ないしは『ユダヤ教』に象徴される『「貨幣」に支配される社会』を変革することなしに、真の人間解放はあり得ないと主張した」と説明し、マルクスの論文で使われている「ユダヤ人」や「ユダヤ教（徒）」はあくまでも比喩《ひゆ》にすぎないと弁明していましたが、文章を素直に読めば、単なる反ユダヤ主義のアジテーションとほとんど同レベルといってよいでしょう。

「ユダヤの高利貸し」のイメージ

そもそも、「ボロ儲け」や「カネ」の象徴として「ユダヤ」を持ち出すこと自体、マルクスが反ユダヤ主義的な発想を持っていたことの表れといえます。反ユダヤ主義やユダヤ陰謀論は、シェークスピアの『ヴェニスの商人』にみられるように、「暴利をむさぼる高利貸しのユダヤ人」のイメージと密接に結びつき、相互作用を及ぼしてきたからです。

郵便はがき

料金受取人払郵便

牛込局承認

9410

差出有効期間
2021年10月
31日まで
切手はいりません

162-8790

東京都新宿区矢来町114番地
神楽坂高橋ビル5F

株式会社ビジネス社

愛読者係行

ご住所 〒 TEL: ( ) FAX: ( )		
フリガナ お名前	年齢	性別 男・女
ご職業	メールアドレスまたはFAX メールまたはFAXによる新刊案内をご希望の方は、ご記入下さい。	
お買い上げ日・書店名 年 月 日 市区町村 書店		

ご購読ありがとうございました。今後の出版企画の参考に
致したいと存じますので、ぜひご意見をお聞かせください。

書籍名

お買い求めの動機

1　書店で見て　2　新聞広告（紙名　　　　　　　　）
3　書評・新刊紹介（掲載紙名　　　　　　　　）
4　知人・同僚のすすめ　5　上司・先生のすすめ　6　その他

本書の装幀（カバー），デザインなどに関するご感想

1　洒落ていた　2　めだっていた　3　タイトルがよい
4　まあまあ　5　よくない　6　その他(　　　　　　　　)

本書の定価についてご意見をお聞かせください

1　高い　2　安い　3　手ごろ　4　その他(　　　　　　　　)

本書についてご意見をお聞かせください

どんな出版をご希望ですか（著者、テーマなど）

世間の非難を浴びるような高利貸しかどうかはともかく、金融の世界で能力を発揮したユダヤ人が少なからずいた／いることは紛れもない歴史的事実です。ただし、その背景には、近代以前のキリスト教世界では、金融はユダヤ人に許された数少ない職業の一つだったという事情があったことも忘れてはなりません。

中世のキリスト教は農奴制の社会構造と結びついていたため、商業・金融業を敵視する傾向がありました。現在でも、熱心なクリスチャンの中には、商売はすべて多かれ少なかれ〝いかさま〟を含んでいると考えている人も決して少なくありません。第二章のアメリカ人の中央銀行アレルギーを思い出してください。あれも今は昔の物語ではなく、現代でも、田舎のアメリカ人は、基本的に素朴な現物主義者なのです。

しかし、人間の社会が機能していくためには、商業や金融は不可欠です。そこで、〝汚れ仕事〟としての商業や金融は、異教徒であるユダヤ人にやらせてしまえばいいという発想が出てきます。一一七九年に開催された第三回ラテラノ公会議では、ユダヤ人はキリスト教徒の召使いを雇ってはならない、キリスト教徒はユダヤ人の居住地の近くに住んではならないなどとする、ユダヤ人の隔離政策とともに、キリスト教徒間の金銭貸借では金利を取ってはならないとの決定がなされます。これにより、金融という〝汚れ仕事〟は、制度的に、ユダヤ人に押し付けられることになりました。

当時は十字軍の時代で、「聖地エルサレムの奪還」という大義名分の下、異教徒に対する略奪で一攫千金《いっかくせんきん》を目指して、多くの兵士たちが、借金をして装備を買いそろえ、遠征に参加していました。当然のことながら、故郷に帰還できなかった兵士はもちろん、帰還はできても借金を返済できるほどの荒稼ぎができなかった兵士たちも大勢います。そのため、貸した金が焦げ付くのは日常茶飯事で、金融業はリスクの高いビジネスでした。

公会議の決定には、十字軍の大義名分に傷がつかないよう、そうしたリスクを異教徒のユダヤ人に負わせるという面が濃厚にありました。

一一九九年に教皇として即位したインノケンティウス三世(注)はさらに露骨で、各地で発生した反ユダヤ暴動に対して、ユダヤ人の生命・財産は保障するが、ユダヤ人がキリスト教徒に貸し付けた金銭は、そのキリスト教徒が十字軍に参加した場合は返済を免除されるとの裁定を下しています。足元を見て、殺されるよりはいいだろうと、ユダヤ人の不満を抑え込みます。

それでも、ユダヤ系の金融業者が必死の営業努力で利益を積み重ねていくと、一二一五年の第四回ラテラノ公会議で、またしてもユダヤ人条項が定められます。それによると、ユダヤ系金融

(注)インノケンティウス三世(一一六〇頃〜一二一六)：教皇権絶頂期のローマ教皇。在位一一九八〜一二一六。「教皇は太陽であり、皇帝は月である」との発言でも有名。彼が主導した第四回十字軍はコンスタンティノープルを占領・掠奪。また、アルビジョワ十字軍を起し、南仏のカタリ派を征服した。どちらも相手はいちおうキリスト教徒であって、「十字軍」として本末転倒感は否めない。

業者の金利は制限され、その上、借金の形としてキリスト教徒から財産を没収した場合、ユダヤ人債権者が代わりに一〇分の一税を教会に納めることとされています。

さらに、英国では、一二七五年、国王エドワード一世がユダヤ人の債権を対象とした徳政令を発令。ユダヤ人の指導者を投獄して法外な身代金を要求し、一二九〇年に身代金が完納されると、そのままユダヤ人を国外追放してしまうということさえやっています。

こうした理不尽な境遇に置かれ続けたのが、西欧における「ユダヤの高利貸し」の実態でした。

一五九四～九七年頃の作品とされる『ヴェニスの商人』のクライマックスでは、返済期日に金を返せなかったアントーニオに対して、高利貸しのシャイロックが、違約金がわりに肉を切り取ろうとします。そのシャイロックに、「肉は切り取っても良いが、契約書にない血を一滴でも流せば、契約違反として全財産を没収する」との判決が下り、観客が喝采《かっさい》するのがお約束です。

しかし、実は物語はここでは終わりません。肉を切り取ることをあきらめたシャイロックは、債権者の当然の権利として金を要求します。しかし、一度、受け取りを拒否していたとの理由で認められず、それどころか、アントーニオの命を奪おうとした罪により財産没収との判決まで下されてしまいます。

そこへ、アントーニオがキリスト教徒としての慈悲を見せ、シャイロックの財産没収を免じ、その半分をシャイロックの娘ジェシカに与えることを求めるのです。最後に、シャイロックは死刑を免じられる代わりにキリスト教に改宗して幕、となります。「アントーニオは高潔で、汚いユダヤ人にもこんなに寛大にふるまっている。なんて偉いんだろう」とキリスト教徒の自画自賛話となっています。

しかし、近代以前のキリスト教世界では、汚れ仕事として金融業はユダヤ人に押し付けられていたこと、そして、多数派であるキリスト教徒相手の金融ビジネスは、理不尽で資金の回収が不確実な、かなりリスキーな商売であり、それゆえ、相応の金利を設定しなければ成り立たなかったことは、「高利貸しのユダヤ人」というイメージの前提として踏まえておかねばなりません。

日本でも「借りるときの恵比須《えびす》顔、返すときの閻魔《えんま》顔」という言い回しがあります。しかし、ユダヤ人の金融業者からすれば、借金を返さなくても平気な顔のキリスト教徒に比べれば、きちんと返済してくれる閻魔顔の方が数倍ましでしょう。

「ユダヤ人」のイメージをさらに歪曲《わいきょく》したマルクス

もっとも、ユダヤ社会の中で、実際に金融業に従事していたのは人口としては少数派でしたから、金融で成功を収めた例外的なケースをもって、ユダヤ人全体のイメージとするのは、日本人女性のイメージを京都の舞妓《まいこ》さんで代表させるのと同じくらい無謀な話です。

そして、マルクス自身、そうした現実を、身を以《もっ》て理解していたはずです。

マルクスは一八四四年にパリで「ユダヤ人問題に寄せて」を発表していますが、一八四三年一〇月にパリに移住するまでは、ライン川沿いの都市、ケルンを拠点に活動していました。

そのケルンでの統計を見ると、一八四〇年代のユダヤ人の就業人口のうち、金融業者はわずか一〇%にすぎず、手工業（精肉、装身具・時計などが中心）が二七%、教師・医師・弁護士などの自由業や勤め人は各二〇%です。つまり、金融業者でないユダヤ人のほうが、断然多いわけです。

ケルンでのマルクスは、書斎の学者ではなく、『ライン新聞』の記者（後に編集長）という、れっきとしたジャーナリストですから、当時の社会状況について全くの無知ということはあり得ず、そうしたユダヤ社会の実態についても熟知していたと考えるのが自然でしょう。

また、大都市のケルンでは経済発展により、徐々にユダヤ社会でも貧しい下層民が減り、中間層が増えていましたが、マルクスの生まれ故郷だったトリーアは度重なる飢饉《ききん》に見舞われ住民は困窮していました。キリスト教徒の住民全般でさえ厳しい状況にあった時代、ユダヤ人もまた概して貧しく、子どもを学校にやる余裕もなかったようです。

このように地域差はありますが、いずれにしても、「ユダヤ人」と「ぼろ儲け」が現実には結びつかないことを、そして、特に下層階級のユダヤ人の多くは、ドイツ（プロイセン）社会に同化し、ドイツ（プロイセン）国民としての権利を保障されることを求めていたという現実を、ジャーナリスト出身のマルクスが知らなかったとするのは、かなり不自然ではないでしょうか。

それにもかかわらず、マルクスは、「ボロ儲け」と「カネ」に執着する「守銭奴ユダヤ人」という、ステレオタイプの偏見を再生産していったのです。

その背景には、マルクスの出自に対するコンプレックスがあるのではないのかと指摘しているのが、神田順司氏です。

すなわち、マルクスはみずからの出自や父の改宗について、自分から積極的に語ることは一度もなく、「生粋のドイツ人」を自称していました。そして、自らの体験した差別と戦うのではなく、その矛先を同胞に向け、ユダヤ人の解放とは「ボロ儲け」からの解放であると主張しました。（神田、前傾論文）

ですから、マルクスは「差別をバネにして不条理な社会と闘った、気の毒なユダヤ人」だと思ったら、とんでもない。むしろ、マルクスは反ユダヤ主義のみならず、人種差別的な傾向の持ち主でもありました。ただし、これは当時のヨーロッパ社会では珍しいことではありませんでした。

マルクスと同時代のプロイセンにフェルディナント・ラッサールという社会主義者がいました。一八二五年、プロイセン東部ブレスラウ（現ポーランド・ヴロツワフ）で裕福なユダヤ絹商人の家に生まれ、ユダヤ人のみならず、あらゆる被抑圧者の解放を志して社会主義者となった人物です。この人は、キリスト教には改宗していません。

一八四六年から一八五四年にかけて、ハッツフェルト伯爵夫人ゾフィーの離婚訴訟を代行しましたが、折からの一八四八年革命(注)に合わせて、離婚訴訟を反封建主義闘争の一つとしてアピールしたことから、ライン地方の革命派から注目され、マルクスとも親交を結びます。

革命は失敗し、マルクスはほとんど無一文でロンドンに亡命。ラッサールは逮捕され、禁固六ヵ月の刑で服役しますが、釈放後は再び伯爵夫人の離婚訴訟を取り仕切り、食うには困らない生活を送っていました。この時、ロンドンのマルクスから金の無心を受けたラッサールは、友人のために幾らか用立てただけでなく、マルクス支援の募金活動も起こしました。しかし、プライドの高いマルクスは自分の窮状を世間に知られたくなかったらしく、これに憤慨します。

一八五四年、長年の離婚訴訟に勝利したラッサールは巨額の報酬を得て一八五七年にベルリンへ移住しました。そして、『ヘラクレイトスの哲学』の出版により哲学者としても名声を獲得します。ところが、当時進行中だったイタリア統一戦争の評価をめぐって、マルクスが反ナポレオン三世の立場からオーストリアを支持したのに対して、ラッサールが反オーストリアの立場からナポレオン三世とイタリア統一運動を支持したことから、二人の亀裂《きれつ》はさらに深まりました。

(注) 一八四八年革命：パリの共和派市民・労働者・学生らが蜂起して第二共和政を樹立（二月革命）。国王ルイ・フィリップは亡命した。パリの二月革命に影響を受け、ウィーンではメッテルニヒが追放され、ベルリンでも自由主義内閣が成立するなどドイツ諸邦でも革命的状況が起きた（三月革命）。フランスのように政権・政体の転覆にまでは至らなかったが、自由主義的運動が高揚した。

それでも、一八六一年一月、ヴィルヘルム一世の即位に伴う政治的亡命者への大赦が発せられた際には、マルクスの帰国を斡旋《あっせん》。マルクスはラッサールとハッツフェルト伯爵夫人の援助でプロイセンに帰国し、ベルリンのラッサール宅に滞在します。さらに、ラッサールと伯爵夫人は、マルクスがプロイセン市民権を回復するための支援の一環として、彼にベルリンの名士たちを紹介したほか、オペラハウスでは国王ヴィルヘルム一世が座っている貴賓席のすぐ近くのボックス席にマルクスを招待しました。

ところが、二人の善意は、反君主主義者で「貴族趣味」を嫌うマルクスにとっては不愉快で、市民権回復の申請が却下されると、ラッサールから四〇ポンドを借りて早々にロンドンへ引き上げてしまいました。

その後、マルクスはラッサールの「虚栄的生活」を激しく軽蔑《けいべつ》するようになり、ついには、「(ラッサールは) モーセがユダヤ人を連れてエジプトから脱出した際に同行したニグロの子孫だろう。(略) この男のしつこさは紛れもなくニガーのそれである」とエンゲルス宛の手紙に記しているほどです。

よその国のことで喧嘩《けんか》したり、恩をあだで返すような態度を取ったり、何かが原因で対立したというよりも、そもそも人間的な好悪感情にもとづく言いがかりではないかと疑ってしまいます。

マルクスは、自分の気に入らないラッサールのことを、「守銭奴のユダヤ人」にも劣る「ニガー」と罵倒しているわけで、白人→ユダヤ人→黒人という、当時の欧米人のイメージしていた人種的序列の枠組にどっぷりとつかっていたことがわかります。少なくとも、ユダヤ人という自らの出自をしっかり受け止めたうえで、キリスト教には改宗せず、ユダヤ人のみならず、あらゆる被抑圧者の解放を志したラッサールに比べると、かなり「反動的」といってもよいでしょう。

マルクス主義は、むしろプロテスタントとの親和性が高い

これまで見てきたように、マルクスの共産主義は、ユダヤ教やユダヤ人に対しては極めてネガティヴで、反ユダヤ主義的とさえいえる面があります。

むしろ、マルクス主義のなかに、あえて、ある種の宗教的な要素を見るとすれば、ユダヤ人の民族宗教としてのユダヤ教よりも、世界宗教化したキリスト教、特にプロテスタントとの親和性が高いような印象を受けます。

マルクスの盟友で、マルクスの死後、マルクス主義の体系化と理論の完成に尽力したエンゲルスは、プロテスタントの信仰が強いバルメン（ドイツ西部の都市、現ヴッパータール市の一部）で、保守的で敬虔《けいけん》主義者の父親のもとで育ち、父親への反発から、キリスト教を徹底的に研究してから無神論に転じた人物です。したがって、彼は、キリスト教（特にプロテスタント）の思考回路を自家薬籠中《じかやくろうちゅう》の物としたうえで、無神論者としてキリスト教批判を展開したのです。

マルクスとエンゲルスの共著である『共産党宣言』には、「キリスト教の主張が社会主義的だ」、「キリスト教社会主義は貴族階級の不満を聖化するための聖水に過ぎない」などの記述がみられます。

また、「資本家が労働者階級から剰余価値を搾取して利益を得る」というマルクス主義の経済的な綱領は、「貧しい者は幸いです。神の国はあなたがたのものですから」というイエスの言葉に通じ、キリスト教徒の理解を得やすい部分が多々あります。

もちろん、「宗教は民衆のアヘンである」と断じる共産主義は、最終的に、キリスト教会とは相いれないのですが、それでも、ロンドンの社会を観察した後で、エンゲルスが述べたという次の言葉は、彼の思考の背景にキリスト教の歴史観ないしは世界観が抜きがたく染みついていたことをうかがわせます。

英国はある階級が社会のどん底にあればあるほど、無教養であればあるほど、ますます多くの未来をもつという奇妙な事実を示している。これはあらゆる革命期の特徴である。特にこれはキリスト教を生み出した宗教革命の際に示された通りだ。幸いなるかな、貧しき者よ。

第四章　ソ連はユダヤ人が作った⁉

ロシア革命と陰謀論

共産主義を唱え、広めたのはドイツ人マルクスでした。二〇世紀初頭、世界一資本主義体制が進んでいたのは英国でした。

しかし、実際に最初に共産主義革命が起こったのはロシアでした。

ここで、ロシア革命の流れについて一通り、おさらいしておきましょう。

ロシア共産革命略年表

一九一四年　第一次世界大戦勃発（〜一八年）

一九一七年

三月八日　ペトログラード（旧ペテルブルク）で大規模なストライキ・暴動が発生。
各地に広がる。一五日　ニコライ二世退位。
＝二月革命（ロシア暦では二月）。

四月　レーニン帰国。ボリシェヴィキ（注）の勢力が増大。

一一月　ボリシェヴィキが武装蜂起。＝十月革命（ロシア暦では一〇月）。

一九一八年

一月　憲法制定、議会開会。第一党は社会革命党(注)。
↓レーニン、武力で議会閉鎖。ボリシェヴィキの一党独裁政治へ。
三月　ブレスト＝リトフスク条約（ドイツと講和）。首都をモスクワに。
共産党以外の政党は禁止する。
一九二二年　ソヴィエト社会主義共和国連邦（ソ連）成立。

第一次大戦でロシア軍はドイツ軍に敗退し、士気は衰え、軍規が乱れました。物資は不足し、国民生活が困窮します。

そして、ついに一九一七年三月（ロシア暦二月）に労働者による大規模なストライキ・暴動が起き、皇帝ニコライ二世は捕らえられて退位し、ロマノフ朝の帝政ロシアは終焉《しゅうえん》を迎えました。

これを二月革命といいます。

レーニンはスイスに亡命中でしたが、急遽《きゅうきょ》、四月に帰国します。

この時点では社会革命党やメンシェヴィキ(注)など、ボリシェヴィキ以外の勢力が多数を占めていました。二月革命後、政府とソヴィエトの二重権力状態が続いていました。九月初頭に軍部のクーデターが起こると、ボリシェヴィキがこれを鎮圧。ソヴィエト内での力を強めます。その勢いで、一一月（ロシア暦一〇月）にはボリシェヴィキが武装蜂起し、政府を倒しました。

（注）**ボリシェヴィキ**：ロシア語で「多数派」の意。ロシアのマルクス主義政党であるロシア社会民主労働党の左派。急進的な革命を主張するレーニンらのグループ。一九一八年にロシア共産党と改称。
社会革命党：ナロードニキ（人民主義者。農村の啓蒙活動を行い、革命運動へと組織化し帝政打倒を目指した）の流れをくむロシアの革命政党。二月革命後はメンシェヴィキとともにソヴィエトで多数派を形成。
メンシェヴィキ：ロシア語で「少数派」の意。ロシアのマルクス主義政党であるロシア社会民主労働党の右派。一九〇三年の大会で大衆的な労働者の党を主張。十月革命前後から影響力を失う。

革命直後の議会の選挙では、社会革命党が第一党になったのですが、レーニンは武力で議会を閉鎖し、ボリシェヴィキの一党独裁を確立します。

以上、革命の経緯を教科書的にまとめましたが、このロシア革命についても陰謀論があります。

陰謀論

ロシア革命はユダヤ人の革命だ。ソ連はユダヤ人が作った。ボリシェヴィキの八割がユダヤ人だった。

一九一七年二月の革命直前の時点で、ボリシェヴィキの党員数は約二万三〇〇〇人でした。そのうち「ユダヤ人（本人の申告による）」は三六四人と圧倒的に少数派です。

その後、革命が進行し、一九二二年にはソヴィエト社会主義共和国連邦（ソ連）が発足します。この頃になると、ソ連全体での共産党員の数は爆発的に増加していきますが、それでも、ユダヤ系党員は一万九五六四人、全党員の五・二一％にすぎません。

また、一九二三〜三〇年のソ連人民委員会議（内閣に相当する組織）の構成員二三人中ユダヤ人は五人と、二割弱です。

議会に関しても、一九二九年のソヴィエト連邦最高評議会の民族別議席割当数はロシア人に四〇二議席、ウクライナ人に九五議席、ユダヤ人に五五議席、ラトヴィア人に二六議席等で、ユダヤ人は一割弱程度です。したがって、ソ連指導部におけるユダヤ人の比率は、他の民族集団よりやや高めと言えますが、それでも、「革命政府の約八割がユダヤ人」というのは無理があります。

確かに、初期の著名な革命家にユダヤ人の割合が、その人口比よりやや高めであるということは否めません。しかし、彼らの末路をたどれば、決して幸せになっていないことがわかります。

革命初期（一九一七〜一九年）のボリシェヴィキ指導部における主なユダヤ人は次の通りです。

モイセイ・ウリツキー（**一八七三〜一九一八**）：ペトログラード・チェーカー議長。暗殺。

ヤーコフ・スヴェルドルフ（**一八八五〜一九一九**）：初代全ロシア中央執行委員会議長。病死。

グリゴリー・ジノヴィエフ（**一八八三〜一九三六**）：レーニンの第一の副官。革命後、ペトログラード・ソヴィエト議長、コミンテルン議長を歴任。スターリンにより粛清。

レフ・カーメネフ（**一八八三〜一九三六**）：ソヴィエト政権の成立を宣言した第二回全ロソヴィエト大会議長、全ロ中央執行委員会議長を歴任。スターリンにより粛清。

グリゴリー・ソコリニコフ（一八八八～一九三九）：財務人民委員（蔵相）、駐英ソ連大使、外務人民委員部次官など歴任。スターリン時代に投獄され獄死。

レオン・トロツキー（一八七九～一九四〇）：軍事革命委員会委員長、外務人民委員（外相）を歴任するもスターリンと対立して国外追放。暗殺。


このように、ほとんどがスターリンによって粛清されているのです。なお、トロツキー、ジノヴィエフ、カーメネフは第五章で、もう一度、登場します。

複雑なレーニンの出自

レーニンに関しては、「四分の一ユダヤ人だった」と言われることがあります。

たしかにウラジーミル・レーニンの母マリア・アレクサンドロヴナ・ブランクにはユダヤ人の血が入っています。マリアの父（レーニンの母方の祖父）アレクサンドル・ブランクは、一般に、ウクライナ生まれのユダヤ人で、ロシア正教に改宗した人物といわれていますが、エカテリーナ二世の時代にドイツから来た入植者の子孫とする説もあります。また、マリアの母アンナは、ドイツ人とスウェーデン人の両親から生まれ、ルター派でした。

一方、ウラジーミルの父イリヤ・ニコラエヴィチ・ウリヤノフはチュヴァシ系解放農奴の父親とカルムイク人（ロシアに移住したテュルク人の末裔《まつえい》）の母親から生まれました。

マリアとイリヤが結婚して、ウラジーミルが生まれます。そのため、ロシア帝国の法的な解釈によれば、彼は「モルドヴィン人（モルドヴァ人）、カルムイク人（中央アジア系）、ユダヤ人、バルトドイツ人、スウェーデン人による混血」です。

多種多様な民族が複雑に交じり合っていて、一言で表現するなら「ロシア帝国人」としか言いようがありません。しかも、ユダヤ人であった祖父もロシア正教に改宗しているのですから、宗教的には「四分の一」以下です。

こんなに薄いユダヤ人なのに、レーニンに関して、ドイツ人でもモルドヴァ人でもなく「ユダヤ人」としてのルーツだけが強調されてしまうのは、何でもかんでもユダヤに結びつけたがる陰謀論者のこじつけというものでしょう。

俗説の要因①ユダヤ人が本当に帝政ロシアの崩壊を望んでいた

こうした事実にもかかわらず、「ロシア革命はユダヤ人の革命」という俗説が広まっていった背景には、大きく三つの要因があると考えられます。

まず、ユダヤ人がロシア帝国の崩壊を望んでいたのは事実です。ロシア帝国下のユダヤ人は迫害を受け、悲惨な状態にありました。ポグロム（注）と呼ばれるユダヤ人虐殺が多発し、世界中のユダ

（注）**ポグロム**：「破壊」を意味するロシア語だが、主にユダヤ人迫害（大虐殺）の意で用いられる。帝政ロシア末期に頻発した。

ヤ人が強い反感を持っていたのです。

ロシア帝国時代のポグロムとその時代を知るための格好のテキストとしては、ウクライナ出身の小説家・劇作家、ショーレム・アレイヘムの『牛乳屋テヴィエ』があります。

『牛乳屋テヴィエ』というタイトルになじみがなくても、『屋根の上のヴァイオリン弾き』なら、題名ぐらいは聞いたことがあるという人も多いでしょう。日本でも古くは森繁久彌や西田敏行、最近では市村正親の主演で知られるミュージカルです。一九六一年にブロードウェイで初演された作品ですが、その原作になったのが『牛乳屋テヴィエ』です。

『牛乳屋テヴィエ』は、一八九四年の『われ、とるに足らぬ者』から一九一四年の『出て行け！』まで手紙形式の九作品で構成されており、村の牛乳屋のテヴィエとその五人の娘のうち、上の三人が結果的に父親の意に沿わない結婚をして家を去り、残された一家も折からのポグロムで故郷を出ていかざるを得なくなるというストーリーです。

原作では、テヴィエ一家は最後に〝民族的郷土〟としてのパレスチナに帰還することになっていますが、ミュージカルは一家がアメリカに向かうところで幕となります。この変更は、ブロードウェイでの上演を意識してのことですが、一九世紀末から二〇世紀初めにかけて、ロシア・東欧から多くのユダヤ人がポグロムを逃れてアメリカに渡ったこともまた歴史的な事実ですから、必ずしも荒唐無稽《こうとうむけい》なものとは言い切れない面があります。

ロシア・東欧からアメリカへのユダヤ移民の大波をもたらした大規模なポグロムは、一八八一年のロシア皇帝アレクサンドル二世の暗殺事件をきっかけに発生しました。

クリミア戦争中の一八五五年、セヴァストポリ要塞《ようさい》をめぐる激戦の最中にニコライ一世が崩御します。そして、皇位を継いだアレクサンドル二世は、即位早々の一八五六年、敗北を認め、パリ条約を締結します。

クリミア戦争での敗戦にショックを受けたアレクサンドル二世は、国家体制の立ち遅れを反省して近代化を進め、一八六一年の農奴解放など自由主義的な改革を実施し、ユダヤ人に対しても比較的寛容な態度を取っていました。

ところが、一八六三年一月、ロシア支配下のポーランドでロシアからの独立を求める大規模な反乱が発生。これを機に、アレクサンドル二世は反動化し、対ユダヤ人政策からも寛容さが失われていきます。

また、当時のヨーロッパはナショナリズムの時代です。近代化とは国民国家としての体制を整えることとほぼ同義でしたので、アレクサンドル二世の即位後、ロシアでもナショナリズムが徐々に高揚していくことになります。その副作用として、〝異分子〟としてのユダヤ人を排除しようとする反ユダヤ主義の傾向も強まっていきました。

たとえば、一八六九年、キリスト教に改宗したユダヤ人のヤコブ・ブラフマンが『カハルの書』と題する書籍を出版。書名に登場するカハルとは、ロシア帝国の支配下で認められていたユダヤ人の自治組織のことですが、ブラフマンは、これを「ユダヤ人は国家の中に国家を形成する」としたうえで、「その目的は一般市民を服従させ、搾取することである。ユダヤ人の協同組織カハルに金を払えば、ユダヤ人は非ユダヤ人の財産を騙し取る許可を事前に与えられる」と主張。典型的なユダヤ陰謀論ですが、ブラフマンの主張はロシア社会で一定の支持を獲得し、一八八〇年には新聞『ノーヴォエ・ヴレーミヤ』に、ユダヤ人のロシア文化への進出に対する危険性を強調するコラム「ユダヤ人がやってくる」が掲載されるほどになりました。

また、一八七〇年に発せられた都市条例では、ユダヤ人は市の職員の三分の一を越えてはならず、市長に就任することも禁止されていますし、一八七三年にはユダヤ人の公立学校とラビ神学校も閉鎖されました。

こうして、ロシア社会において、ユダヤ人に対する圧力が強まっていく中で、一八八一年、皇帝アレクサンドル二世が暗殺されます。首謀者のアンドレイ・ジェリャーボフとソフィア・ペロフスカヤはロシア人、実行犯のイグナツィ・フリニェヴィエツキはポーランド人で、いずれもユダヤ人・ユダヤ教徒ではありませんでしたが、犯人グループの中にユダヤ人女性革命家ゲシア・

ゲルフマンがいたことから、ウクライナと南ロシアではこれをユダヤ人の陰謀とする噂が広まり、大規模なポグロムが発生しました。以後、一八八四年まで、およそ三年間にわたってロシア・東欧で多くのユダヤ人が犠牲になり、命からがらアメリカに脱出する人々が相次ぎました。

その後も、ロシア帝国の領域内では、一九〇三〜〇六年に大規模なポグロムが発生し、『牛乳屋のテヴィエ』あらためミュージカル版『屋根の上のヴァイオリン弾き』のように、ロシア・東欧の農村部から多くのユダヤ人が着の身着のままでアメリカへと逃れていきました。

人口統計を見てみると、一八五〇年の時点で一〇万人以下だったアメリカのユダヤ人口は、ドイツ系ユダヤ人の流入により、一八八〇年代には二三〜二八万人にまで拡大しましたが、その後のロシア・東欧からのユダヤ人の流入により、一九〇〇年には少なくとも九三万七八〇〇人（最大で一〇五万八一三五人）に、一九一〇年には少なくとも一〇五万八〇〇〇人（最大で二三四万九七五四人）に、さらに一九二〇年には少なくとも三三〇万人（最大で三六〇万四五八〇人）にまで、急速に拡大します。

ロシア・東欧からアメリカへのユダヤ移民の多くは貧しい人々で、ほぼ全財産を旅費につぎ込み、無一文同然の状態でアメリカに渡ってきました。彼らの多くはイディッシュ語（二二六頁参照）を母語とし、正統派ユダヤ教徒として伝統と戒律を厳格に守りながらも、ユダヤ教の教義についての神学的に体系だった教育を受けたことはほとんどありませんでした。

一方、中産階級以上のユダヤ人は、ある都市でポグロムが発生しても、ポグロムの起きていない、ロシア国内の別の都市に移住して生活を再建することができましたので、あえて国を捨てて渡米しようとは思わない人が大半でした。また、ユダヤ教徒に限らず、当時のヨーロッパの知識人の間には、アメリカに対して、粗野で拝金主義、精神的に堕落している、といったネガティヴ・イメージを持っている人も多く、そのことが、中産階級以上のユダヤ人のアメリカ移住を思いとどまらせる一因となっていました。

逆に、そうした〝エリートのユダヤ人〟に反発した貧困層が、ヨーロッパに見切りをつけ、アメリカン・ドリームを夢見てアメリカに渡ってきたという面を見逃してはなりません。実際、ロシア・東欧系のユダヤ移民のうち、アメリカから故国に戻ろうという人はごく少数にとどまっています。

ただ、いずれにせよ、理不尽な暴力により、それまで平和に暮らしていた土地から逃げ出さざるを得なかったユダヤ人からすれば、自分たちをそのような境遇に追いやった（あるいは、それを放置した）ロシア帝国に対しては、ネガティヴな感情こそあれ、好意的なイメージを持つ余地はありませんでした。

日露戦争に協力したシフの存在

　また、第二章にも登場したアメリカの実業家ジェイコブ・シフは、日露戦争のときに日本の戦時国債引き受けに協力してくれました。

　日露戦争開戦後、日銀副総裁の高橋是清は、当初、英国ロスチャイルドに公債引き受けを依頼しましたが、ロスチャイルドはアゼルバイジャン（当時ロシア）にあるバクーのバニト油田で操業していたため、いったんは融資を断ります。（バニト油田は一八八三年にロシア政府の公債引き受けに協力した見返りとして獲得したもので、一九一四年にロイヤル・ダッチシェルに売却される。）しかし、日本の勝利はユダヤ人同胞を迫害するツァーリ体制打倒につながるとして、シフが説得し、英国ロスチャイルドが日本の最初の戦時公債の起債の下請けを行ってくれます。

　その後、日本は三回にわたって合計七二〇〇万ポンドの公債を募集しました。その際も、シフはドイツのユダヤ系銀行やリーマン・ブラザーズなどに呼びかけてくれています。三回目と四回目の起債ではロンドンとパリのロスチャイルド家がそろって引き受け団となりました。

　日露戦争後も、シフはロシア帝国への資金提供を妨害します。その後も、一九一七年にはレーニンとトロツキーに対して二〇〇〇万ドルの資金を提供して、帝政ロシアに対抗するロシア革命を支援しました。

　これが「ユダヤの世界支配」の陰謀論に結びつく材料ともなっているのですが、シフの件に関しては、陰謀ではなく純粋な工作活動です。陰謀とは隠れてコソコソやるものですが、シフは隠れてなどいません。帝政ロシアに抗する勢力を白昼堂々と援助しました。

もっとも、共産主義政権もまた反ユダヤ主義政策をとっていくので、その後、シフは大いに後悔することになります。

俗説の要因②ボリシェヴィキがユダヤ人を積極的に登用

次いで、ボリシェヴィキ政権が、「弱者」であるユダヤ人を革命に動員しようと、盛んに宣伝攻勢をかけていた点が指摘できます。

長年にわたり、キリスト教世界で差別を受け続けてきたユダヤ人の中には、「平等」に重きを置く社会主義・共産主義の思想に惹《ひ》かれる者も少なくありませんでした。自らの出自をかたくなに隠蔽《いんぺい》しようとしたカール・マルクスはともかく、マルクスから「ニガー（黒人に対する蔑称）」と呼ばれたラッサールとともに、全ドイツ労働者協会の創立に関わったモーゼス・ヘスもユダヤ人です。

ヘスは、ユダヤに関する認識ではマルクスとは対極にあった人物で、一八六〇年代に「ヨーロッパ（のキリスト教）社会でユダヤ人が同化できる可能性は全くなく、ユダヤ人は自分の民族性を否定することによって他の民族の軽蔑を招いている、ユダヤ人はパレスチナに自分たちの国家を持つべきである」と主張しました。

ヘスの主張は、当時のヨーロッパで進行していた国民国家形成の潮流に対応し、マイノリティとして迫害を受けるユダヤ人は、みずからを周囲の多数派とは異なる〝ユダヤ民族〟であると自覚したうえで、当時の世界を覆っていた〝一民族一国家〟の原則に対応したユダヤ人国家を作ろうというものです。テオドール・ヘルツル(注)にも大きな影響を与え、「政治的シオニズム」の創設者と評価されています。

こうした背景があったところへ、たとえば、レーニンは一九一八年の演説で「反ユダヤ主義とは、勤労者をして彼らの真の敵、資本家から目をそらせるための資本主義的常套《じょうとう》手段にすぎない。ユダヤ人を迫害し、追放せる憎むべきツァー政府よ、呪《のろ》われてあれ！　ユダヤ人に敵対し他民族を憎みたる者よ、呪われてあれ！」と訴えています。

この呼びかけだけ切り取れば、ボリシェヴィキとユダヤ人が結託しているようにも見えますが、ボリシェヴィキは、ロシア帝国の支配下で圧迫されてきた他の諸民族に対しても同様の「民族解

（注）テオドール・ヘルツル（一八六〇～一九〇四）：ハンガリーのブダペスト生まれ。ウィーンに移り、ジャーナリストとなる。取材先のフランスでドレフュス事件における反ユダヤ主義に衝撃を受け、一八九六年『ユダヤ人国家』を出版し、ユダヤ人国家建設を説く。一八九七年にスイスのバーゼルで第一回世界シオニスト大会を開いた。一般的に近代シオニズムの提唱者とされる。イスラエルでは「建国の父」と仰がれている。本文中のモーゼス・ヘス（一八一二～七五）はマルクス世代の社会主義者。ヘルツルがシオニズムに目覚める頃には、すでに鬼籍の人であった。

放」スローガンを掲げていました。

それに、ボリシェヴィキ政権には、実力本位でユダヤ系を登用することへの抵抗感がありませんでした。帝政ロシア政府が、ユダヤ人を一切要職に採用しなかったのと対照的です。もっとも、初期のボリシェヴィキには人材を選んでいる余裕などなかったとも言えます。

そのため、帝政期に埋もれていた人材が、ボリシェヴィキ政権になったとたんに突如として政府の要職につき、結果的に、ユダヤ人の「進出」が急速に進んだとの印象を人々に与えました。

そして、一九一八年七月一七日、レーニンの命を受け、元皇帝ニコライ二世以下、ロマノフ一族全員が殺害されます。その際、処刑隊を率いていた元軍医でチェーカー(注)次席のヤコフ・ユロフスキーがユダヤ人だったことで、「やっぱりユダヤの陰謀が……」と言う人も出てきます。

しかし、処刑隊といういわば汚れ仕事の隊員は、ロシア帝政下で抑圧され続けたユダヤ人・ハンガリー人・ラトヴィア人などの少数民族から成り立っていました。処刑隊の隊長がユダヤ人であったことは、むしろユダヤ人も「被抑圧民族」の一つにすぎなかったということを示しているのです。

（注）チェーカー：反革命・サボタージュ取締全ロシア非常委員会。革命直後の一九一七年一二月二〇日に人民委員会議直属の機関として設立された秘密警察組織。チェーカーは、一九二二年二月にGPU《ゲーペーウー》「ロシア・ソヴィエト連邦社会主義共和国内務人民委員部附属国家政治局」と改称し、さらに一九三四年七月に内務人民委員部の直轄になった。

俗説の要因③悪名高きユダヤ人幹部

さらに、スターリン体制の確立期に、ゲンリフ・ヤゴーダとラーザリ・カガノーヴィチという評判のよくないユダヤ人がたまたまスターリンの側近にいたことが、反ユダヤ的感情の一因となったことも間違いありません。

ヤゴーダは内務人民委員部(注)（ＮＫＶＤ）の初代長官に就任します。

一九三四年のセルゲイ・キーロフ(注)暗殺事件では、犯人のレオニード・ニコラエフと親交があり資金面で援助していたため、彼を利用しキーロフを暗殺させた黒幕とされます。この事件を機にスターリンの大粛清が始まります。

一九三六年にヤゴーダは大粛清の第一段階を指揮しスターリン反対派を摘発します。そのため、後の世に評判がよくないのですが、人間的な側面もあり、それが原因で失脚します。ヤゴーダの取調べや拷問は、スターリンからすると「生ぬる」すぎたのです。特に古参党員を相手にした場合、情が入って「共犯者」の「自白」もままならなかったため、なかなか粛清を拡大させること

（注）**内務人民委員部**：内務人民委員部はスターリン政権のもと、通常の警察機構のほか、秘密警察や諜報機関を統括。後のＫＧＢ（ソ連国家保安委員会）。

（注）**セルゲイ・キーロフ（一八八六〜一九三四）**：穏健派で、強硬派のスターリンと対立。レニングラード市委員会第一書記。政治局委員。

ができませんでした。そのためヤゴーダは、一九三六年九月に内務人民委員を解任されています。

評判の悪い、もうひとりのユダヤ人カガノーヴィチは筋金入りです。一九二〇～二二年にトルクメニスタンで反イスラム闘争を指導し、徹底的にムスリムを痛めつけます。一九二五年から一九二八年にかけて、ウクライナ共産党第一書記を務め、党とウクライナ民族主義者との闘争を率いました。一九三〇年代初頭のウクライナ大飢饉(注)が起こりますが、カガノーヴィチは執行部として、この責任の一端を担っています。

彼は大粛清の開始前にすでに「破壊活動家」として何千人もの鉄道管理者や経営者の逮捕を組織化していました。一九三七年から三九年まで重工業人民委員、一九三九年から四〇年までは石油工業人民委員として、規律の統制とスターリン政策への追従を進め、あらゆる所で多くの人民を逮捕しました。

こうした背景と、ボリシェヴィキ政権に対する反感とキリスト教社会に根づいた反ユダヤ主義が相まって、「ロシア革命はユダヤ人の革命」というイメージが形成されていったと考えられます。なお、逮捕された人の中には、もちろんユダヤ人も大勢いたことも強調しておかなければなりません。

(注) ウクライナ大飢饉：ウクライナは豊かな穀倉地帯で、その小麦は重要な外貨獲得源であった。しかし、一九三〇年代、ソ連政権による農業の集団化により生産性が下がった。収穫が減っているにもかかわらず、過酷な取り立てが行われたため、農民は食べるものがなく餓死していった。餓死者の人数は確定できないが、ある学者は三〇〇万～六〇〇〇万人と推計している(黒川祐次『物語ウクライナの歴史』中公新書)。

りません。

革命初期、帝政ロシアを打倒する際にはユダヤ人ほか少数民族を利用したボリシェヴィキ政権でしたが、一党独裁を完成させたソ連の共産党政権は、ヘブライ語教育を禁止し、ユダヤの指導者を逮捕・投獄するなどして、明らかな「反ユダヤ政策」を推進しています。その点からも、共産党政権を「ユダヤ人の政府」と見なすのは無理があります。

『シオン賢者の議定書』

もうひとつ、共産主義はユダヤの陰謀と考える人々に、大きく影響を与えてきたのは第二章でも触れた『シオン賢者の議定書』ではないでしょうか。ユダヤ陰謀論の決定版とも言うべきもので、「これもユダヤ、あれもユダヤ」と世の中の悪を全部ユダヤのせいにしています。

成立過程については第二章で詳述しましたが、種本となった『モンテスキューとマキャベリの地獄の対話』を執筆したジョリーの当初の意図は、独裁者ナポレオン三世の政治を批判し、自由主義を擁護することにありました。「フランス人は堅い本に見向きもしないから、マキャベリとモンテスキューという死人二人に語らせる形式にした」といいます。モンテスキューが自由主義を語り、マキャベリが独裁政治を擁護する形式なのですが、『議定書』が盗作したのは大部分がマキャベリの言葉でした。『議定書』は、自由主義擁護どころか、むしろ逆方向に作用します。

ヒトラーは、『議定書』を一読するや、「真に魂を震撼《しんかん》させせられ」、ただちにこれを逆用せねばならない必要性を悟ったといいます。(ノーマン・コーン『ユダヤ人世界征服陰謀の神話』ダイナミックセラーズ、一九八六年、七七~八〇頁。『世界の奇書』自由国民社、一九九二年)。

『議定書』は暴力的政治のすすめではじまります。

「善良な性質の人間よりは先天的不良性の人間の方が数において勝ることは、常に忘れてはならぬことである。それ故に学理上の議論によるよりは残忍極まる暴力を振るって威嚇したほうが遥かに政治上の好成績を挙げるのである」

そして、「自由・平等・四海同胞なる語は、盲従的な我々の諜者《ちょうしゃ》によって世界の隅々にまで宣伝せられ、幾千万の民衆は我々の陣営に投じ、この旗幟《きし》を担ぎ廻っている。しかるに実際を言うと、この標語を到るところ平和安寧一致を破壊し、国家の基礎をも覆し、もって非ユダヤ人の幸福を侵蝕《しんしょく》する獅子身中《ししししんちゅう》の虫である」と革命もユダヤのせい。

さらに、「我が軍隊すなわち社会主義、無政府主義、共産主義に参加することを下層民に勧誘するにおいては、彼らは我々を圧迫よりの救済者として仰ぐであろう」と、無政府主義や共産主義もまたユダヤの陰謀というわけです。

事実『議定書』には、二〇世紀のナチス・ドイツや共産主義体制を彷彿《ほうふつ》とさせる箇所が多々あり、まさにヒトラーやスターリンのバイブルとでも言うべき内容です。「こんな悪いことを考えているユダヤ人は悪だ」というプロパガンダ文書として利用されたばかりでなく、「このように世界を支配すべきなのだ」という独裁者のハウツー本でもありました。

今では、これは偽書とわかっていますが、二〇世紀前半にはその内容が信じられ、ロシアのポグロム、ナチス・ドイツのホロコーストへと直結した史上最悪のでっち上げ陰謀論です。

『議定書』のロシア語版が出されたのは一九〇五年ですが、その後、結果的に全体主義の共産圏が地球上の半分を覆ったことから、『議定書』は予言の書であり、事態はその通りに進んでいるとの錯覚を持つ人も出てきました。そうした人が、歴史的な経緯を知らずに、『議定書』の字面だけを読んでしまうと、「やっぱり共産主義はユダヤの陰謀だ！」と信じてしまう恐れがあります。

たしかに、『議定書』の個々の記述の中には、説得力があるように見える個所もないわけではないのですが、結局のところ、「悪いことはすべてユダヤのせい」という結論ありきで書かれているので一貫性がなく、よく読むと、根拠の乏しいこじつけや矛盾が目立ちます。

民族ですらないユダヤ人、ユダヤ人移住計画

ところで、ソ連におけるユダヤ人とはどのような位置づけにあったのでしょうか。

レーニンは「地域的自治制」を唱えていました。それによると、「民族自決権の承認とは、特

定の民族が多数居住する、その民族固有の一定の地域に対してのみ、自治権を認めること」です。結果的に、その地域におけるマイノリティは「民族」として認定せず、その権利も認めません。

実は、こうした発想はレーニンに限ったことではありません。

たとえば、一八六七年のオーストリア帝国憲法では、「民族の権利」を以下のように定めています。

①オーストリアのすべての民族は平等である。すべての民族は、その民族の特性と言語を守り育てる全面的権利を有する

②教育、行政および公共の場においては、その地域で使われている言語の平等性が国家によって保障される

③複数の民族が居住する州では、公的教育機関は、どの民族もほかの民族言語の習得を強制されることがないように、つまり、自己の民族言語で教育を受けられるように手段を講じなければならない

この文面だけ読むと、一見、ハプスブルク体制下では、ユダヤ人を含む「すべての民族」は平等に扱われているかのように思われます。しかし、「民族」の帰属は、彼らの母語ではなく、「日常語（その地域で生活していくうえで必要なマジョリティの言語）」によって決定されることになっているため、結果的に、それぞれの地域で少数言語でコミュニケーションを取っているマイノリティは「民族」として認定されず、ユダヤ人も法的には「民族」ではないので、その権利は保障されないことになります。

さらに、スターリンの時代になると、「民族とは、言語、地域、経済生活、および文化の共通性のうちにあらわれる心理状態の共通性を特徴として生じたところの、歴史的に構成された人々の堅固な共同体」という定義が決められます。ソ連領内のエスニック集団は、ここに挙げられたすべての特徴を同時に満たしている場合にのみ、はじめて「民族」が与えられるのです。

したがって、固有の居住地域を持たないユダヤ人は「民族」たりえないというのが、初期のソ連の建前でした。差別以前に、民族として認知すらしていないのです。ところが、現実にはユダヤ人の集団はソ連領内にも大量に存在します。

この矛盾を解消するため、ユダヤ人を特定の地域に移住させ、集団居住地をつくることで、「民族」化しようというプランが浮上します。そして、まずは、黒海沿岸のクリミア半島の一部にユダヤ人を入植させ、ユダヤ民族区を作る構想が持ち上がりました。ところが、ユダヤ人への不信感があったスターリンの反対で計画は頓挫《とんざ》します。

しかし、一九二八年、「社会主義的な枠組みのなかでユダヤ人の文化的自治をめざす」との名目で、極東の国境地帯ビロビジャンに「ユダヤ民族区」が創設されます。ハバロフスクの西に約一五〇キロメートル、中国との国境近くのビラ川、ビジャン川沿いの地域です。スターリンは、モスクワはもとより中央ロシアやウクライナからユダヤ人を事実上追放するとともに、極東における緩衝地帯として活用することを考えたのです。

事実、ビロビジャン周辺では、一九二九年に中ソ国境紛争、一九三一年に満洲事変が起こり、一九三二年には満洲国が建国されます。

その後、一九三五年にユダヤ民族区は「ユダヤ自治州」に昇格します。スターリンは、「（ディアスポラ以降の）ユダヤ人の歴史上初めて、自分の故郷の建設、自らの民族国家の成就への燃えるような要望が満たされた」と自画自賛します。しかし、実際にはユダヤ人の定住はほとんど進まず。一九三九年のユダヤ人自治州の人口一〇万九〇〇〇人のうち、ユダヤ人は約一六％の一万七六九五人しかいませんでした。現在でも、州の人口一九万人弱のうち、ユダヤ系はわずか四％ほどで、ロシア人が八七％と人口の圧倒的多数を占めています。

ビロビジャンは一九三〇年代まで、ほとんど人の住まない土地でした。冬は寒く、夏は暑い。農業にも適さない。こんな土地に、誰も好んで移住などしません。

ただし、歴代指導者の中で特にスターリンがユダヤ人に厳しかったかといえば、そうでもありません。スターリン以降も、ソ連政権は一貫して反ユダヤ主義です。

スターリン時代のように殺されたり、シベリア送りにはなりませんが、フルシチョフの時代にも、ユダヤ人は露骨に昇進から外され、活躍の場が限られました。二〇一九年五月、ウクライナで、元コメディアン・俳優のウォロディミル・ゼレンスキーが大統領に選出されましたが、彼の両親はユダヤ系でソ連の研究者でした。政治に関係のない技術職で実績を上げるしか、ユダヤ人がソ連社会で成功する途はほとんどなかったのです。

フルシチョフにはスターリンのような残虐性はありませんでしたが、ユダヤ人に対しては辛辣《しんらつ》で「ソ連では非ユダヤ民族は適性を有しているが、ユダヤ人の否定的な精神には付ける薬がなく、ユダヤ共同体の存続には懐疑的である」などと語っています。そして、フルシチョフ時代もまた、依然として、多くのユダヤ人が経済的犯罪、社会的寄生罪の罪状で告発されました。

さらに、当時は冷戦時代です。アメリカはイスラエルを、ソ連はアラブ世界を支援していました。そのためソ連では「アイヒマン裁判(注)はイスラエルとドイツの共同謀議であり、シオニズムはナチズムと同根である」など反イスラエルのキャンペーンが大々的に行われました。さらに、フルシチョフは反ユダヤ主義を学問的に裏付けようとして、御用学者トロフィム・キチェコに『素

（注）アイヒマン裁判：アドルフ・オットー・アイヒマン（一九〇六～六二）はナチス・ドイツの親衛隊将校、ユダヤ人移送局長官。ユダヤ人の強制収容所への移送を指揮した。戦後、アルゼンチンで逃亡生活を送っていたが、一九六〇年にモサド（イスラエル諜報特務庁）によって拉致され、イスラエルに連行された。六一年、エルサレムで裁判にかけられ、翌年絞首刑。

顔のユダヤ教』（一九六三年）を書かせています。

このように一貫して虐げられているものですから、ソ連からのユダヤ人亡命者は一九七一年に一万三〇二二人、七二年に三万一六八一人、七三年に三万四七三三人を数えています。そして、冷戦末期の一九九〇年から九一年には数十万人が国外へ亡命しました。

東欧諸国の反ユダヤ主義

ユダヤ人の大虐殺（ホロコースト）を行ったナチス・ドイツは、現代世界の標準的な歴史認識では絶対悪として語られています。

ナチスが非人道的で残虐な行為を行ったことはまぎれもない事実です。そして、東欧諸国では、「ソ連赤軍と共産主義者がナチス・ドイツに勝利し東ヨーロッパを解放した」というのが長年にわたり公式の歴史観とされてきました。

ただし、「ソ連赤軍と〜」以下の一文を額面通りに受け取るのは危険です。客観的に見れば、第二次大戦中、ナチスや親独政権という「右の全体主義」に支配されていた東欧は、戦後、ソ連とその息のかかった共産党政権という「左の全体主義」に支配されていたわけで、国民の自由や人権が尊重されていなかったという点では五十歩百歩だからです。

ユダヤ人迫害についても同様で、本章ではロシア・ソ連の反ユダヤ主義についてお話ししてきましたが、ソ連とその影響下にあった東欧地域では、第二次大戦をはさんで戦前戦後、ナチス・ドイツに勝るとも劣らない、凄《すさ》まじいユダヤ人迫害が行われていました。その一端を、いくつかご紹介しましょう。

①ウクライナ

たとえば、『屋根の上のヴァイオリン弾き』の舞台となったウクライナは、ロシア帝国の時代から反ユダヤ感情が強く、ポグロムが頻発していましたが、ソ連の支配下、ユダヤ人のラーザリ・カガノーヴィチがウクライナ人弾圧の責任者だったこともあり、帝政時代以上に強烈な反ユダヤ感情が社会全体に沈殿していきます。

こうした歴史的背景の下、一九四一年六月、独ソ戦が勃発し、ドイツは「戦争の責任はユダヤ人にあり、ドイツ民族の生存を望まないユダヤ人は絶滅する必要がある」と主張し、ウクライナを占領。ウクライナはドイツ東部占領地域の〝帝国管区ウクライナ〟として、ナチス親衛隊に統治されることになりました。

ドイツの占領下で、ウクライナ人は〝劣等人種〟とみなされ、数百万人が〝東方労働者〟としてドイツへ送られて強制労働に従事させられ、穀物や木材などの大規模な略奪も行われます。ドイツ軍の占領により、ウクライナは荒廃し、ウクライナ人のレジスタンスが起こる一方、それでも、〝反ソ〟を優先し、ドイツ軍に協力する者も少なくありませんでした。

そうした中で、親独・親ソの枠を超えて、ウクライナ人の間に深く染みついた反ユダヤ主義は抜きがたいものがありました。ウクライナ人〝補助警察官〟は、進駐してきたドイツ軍に対して、〝ユダヤ人を始末する権限〟を要求し、熱心に〝ユダヤ人狩り〟を推進しました。

特に、一九四一年九月二九日から三〇日にかけて、ナチスの親衛隊に地元のウクライナ人住民とウクライナ警察が加わり、三万三七七一人のユダヤ人が首都キエフ近郊のバビ・ヤール峡谷に連行され、殺害された〝バビ・ヤール大虐殺〟を皮切りに、ウクライナの地では一九四三年までに一〇〇万人のユダヤ人が殺害されたと推定されています。一部の地域では、ウクライナ人のあまりの暴虐ぶりに、ユダヤ協会（ドイツ占領下のユダヤ人組織）の指導者がドイツ占領当局に「ウクライナ人を取り締まってほしい」と陳情したこともあったほどです。

ちなみに、独ソ戦開戦時の一九四一年には二七〇万人いたとされるウクライナのユダヤ人のうち、ドイツ占領時代に犠牲になったユダヤ人は九〇万人とも推定されています。

一方、ドイツ軍を放逐してウクライナを再占領したソ連は、旧ドイツ占領地のユダヤ人たちを「ドイツのスパイ」として、処刑したり、シベリア送りにしたりしています。

さらに、第二次大戦後の一九四九年には、スターリン体制の下、多くのユダヤ人が「イスラエル（前年一九四八年建国）と通じている」との嫌疑をかけられ、粛清の対象となりました。このため、第二次大戦後、最初の国勢調査が行われた一九五九年には、ウクライナのユダヤ人口は八四万人にまで落ち込んでしまいました。

②リトアニア

バルト三国のリトアニアでは、第二次大戦を通じて、二〇万人のユダヤ人が犠牲になったとされています。この数字だけではイメージしづらいかもしれませんが、生存率（死亡率ではありません）は一割程度です。

一九四一年六月の独ソ開戦以前から、ソ連占領下のリトアニア各地では、地元警察も協力してのポグロムが発生しており、ソリー・ガノール（杉原《すぎはら》千畝《ちうね》と個人的な親交のあったユダヤ人。ダッハウに収容され、米日系人部隊によって救出）は、以下のように証言しています。（以下、証言は『日本人に救われたユダヤ人の手記』講談社より）

ユダヤ人にとってスラボトケ（リトアニアの一地区）は、殺戮《さつりく》の地とされていた。ナチス・ドイツの対ソ不意打ち攻撃が始まってわずか三日後の六月二五日、リトアニア人によるユダヤ人虐殺の最初の惨劇が、ここで繰り広げられたのである。夜更け、斧《おの》や銃、ナイフで武装したリトアニア人たちの大きな集団が、ユダヤ人の集中的居住地区に三々五々集まってきた。

朝の光は無残な光景を照らし出した。男も女も子どもも四肢をばらばらにされており、家の中は壁も床も血だらけだった。酒に酔ったリトアニア人は、犠牲者の首でサッカーをしたとも伝えられている。この夜、七〇〇人をこえる人々が生命を落とした。

スラボトケの惨劇は、その後第七要塞《ようさい》で行われた数千人の虐殺への序曲にほかならない。リトアニア人によるユダヤ人攻撃が、多少とも鎮まるのは、ドイツ人による民政・軍政が整備されてからのことである。

一九四一年八月七日、臨時の首都カウナスにいたリトアニア人は一〇〇〇人を超すユダヤ人男性を射殺した。このリトアニア人の攻撃は、ゲットー年代記の中で「木曜日の迫害行動」として知られるようになる。私は同じ日、カウナスを離れてスラボトケのゲットーに向かっていたが、市内はわりあい静かに思えた。おそらく、街路をドイツ軍の巡察隊がパトロールしていたせいであろう。私たちを隣人たちから守るためにナチが出てくるなんて変なことになったものだ、と思わずにはいられなかった。

リトアニア人は、ときどき私たちに罵声《ばせい》を浴びせてきた。「ユダヤのろくでなし、終わりは近いぞ!」、「キリスト殺しめ、地獄へ落ちろ!」

橋のところまで来ると、ドイツ兵とリトアニア人の混成チームが警備にあたっているのが見えた。何を言い交わしているのかはよく分からないが、私たちを見る目の違いは分かる。ドイツ兵のほうは軽蔑か無関心、これに対し、リトアニア人は不機嫌で、目に憎しみがこもっている。

③ハンガリー

第一次大戦の結果、オーストリア＝ハンガリー二重帝国は崩壊し、新たにハンガリー王国が発足しました。形式的には君主国ですが、国王は空位で、国民軍のホルティ・ミクローシュが摂政として事実上の国家元首となりました。一九二〇年六月、講和条約としてトリアノン条約を締結し、周辺諸国に領土の三分の二を割譲しました。

一九三〇年代、世界恐慌の中で、ヴェルサイユ体制の打破を唱えるナチス・ドイツがいち早く経済危機を脱して国力を充実させると、ハンガリーは領土回復の好機ととらえてドイツに接近。一九四〇年一一月、日独伊三国同盟に加盟して枢軸国の一員となり、第二次大戦に参戦します。ところが、戦局は徐々に枢軸国側の不利に傾きます。一九四三年七月にはムッソリーニが失脚してイタリアが降伏。これに衝撃を受けたドイツは、枢軸国陣営の中でも脆弱《ぜいじゃく》とみられていたハンガリーとルーマニアの離脱を恐れ、両国の占領計画を策定しました。

アウシュヴィッツ収容所の死の門にいたる鉄道引き込み線のソ連製の絵葉書

はたして、一九四四年に入り、独ソ戦ではソ連の優位が明らかとなると、ハンガリー首相カーロイ・ミクローシュは極秘裏に連合国と休戦交渉を行いますが、三月八日、これが露見。このため、同月一九日、ドイツ軍はハンガリーを占領し、カーロイはトルコ大使館に亡命しました。

これに伴い、それまで移送を免れていたハンガリーのユダヤ人もアウシュヴィッツ収容所に送られることになり、ビルケナウのアウシュヴィッツ第二収容所では五月までに本線から監視塔下の〝死の門〟まで至る引き込み線が作られました。アウシュヴィッツの象徴として有名な風景は、こうして生まれたのです。

写真の引き込み線を使って、ハンガリーから移送されてきたユダヤ人の第一便が到着したのが一九四四年五月二日。その日のうちに、二六九八人がガス室で処刑されました。

その後も、ハンガリーからアウシュヴィッツへの移送列車は一日平均四便が運行され、七月九日までに四三万七四〇二人のユダヤ系ハンガリー人がアウシュヴィッツに送られています。

当時のハンガリーでのユダヤ人迫害については、一九四四年一〇月一九日付で、アメリカの戦略情報局（ＯＳＳ）が以下のような報告書をまとめています。


ハンガリー一般民衆のユダヤ輸送に対する反応は、尋常一様のものではない、という以外に言いようがない。ハンガリーのインテリや中産階級はナチスの反ユダヤ宣伝に完全に染まってしまっているようだ。この国のジャーナリズムの伝えるところでは、大多数の住民がユダヤ追跡、検挙に進んで協力を申し出、その熱意には政府も顔負けしたほどだという。

また、確かな筋からの報告によれば、ハンガリーの憲兵たちのユダヤ摘発と迫害のやり方は、ナチスのゲシュタポの比ではないという。更にナジヴァラドにおいては、二〇〇〇人のキリスト教徒がユダヤ人たちの残していった財産を横領し、そのかどでいま訊問《じんもん》を受けているという。……ユダヤ人迫害政策に対する抗議といったものは、どこにも見当たらない。


さらに、ソ連軍のブダペスト侵攻が間近に迫った一九四四年一一月八日から二四日にかけて、ハンガリー警察の監視の下、四万人のユダヤ人が、厳寒の中、ブダペストからオーストリア国境までの一八〇キロを水も食料も与えられずに歩かされ、多くの犠牲者が発生しました。ハンガリー史では「死の行進」と呼ばれている出来事です。

スウェーデン外交官としてハンガリーに赴任したラウル・ワレンバーグは、その行進をトラックで追いかけ、食料や衣類を与え、約四〇〇〇人をブダペストに連れ戻したほか、隠れ家にユダヤ人を匿い、出国のためのヴィザを支給しています。

月が替わって一二月初旬、ソ連軍がブダペストに進軍すると、親独政権はブダペストを離れ、西部国境近くのソンバトヘイに退避し、一九四五年二月一四日までに、ソ連軍はブダペストを完全に制圧します。

この間の一月一七日、ユダヤ人の処遇について話し合うべく、ワレンバーグがソ連との交渉に出かけたところ、彼はスパイ容疑で逮捕され、以後、消息不明になっています。後にソ連の勢力圏に入る中東欧では、ソ連軍以外の人物がユダヤ人を「解放した」という事実が広く知られてはならないと判断されたからと推測されます。

ポーランド共産政権の徹底した反ユダヤ主義

第二次大戦後、ソ連の衛星国だった国々の中でも、特に反ユダヤ主義の傾向が強かったのがポーランドです。

現在のポーランド国家の領域は、第一次大戦以前、ロシア、ドイツ、ハプスブルク家のオーストリアの三国によって分割されていました。

第一次大戦を経て、これら三帝国はすべて消滅し、一九一八年一一月、ポーランドは独立を回復し、ポーランド第二共和国が発足します。この時点でのポーランド国家は、ウクライナ人一四・三%、ユダヤ人一〇・五%、ベラルーシ人三・九%、ドイツ人三・九%などと、少数民族が人口の約三割を超える多民族国家でした。

第二共和国の建国当初、ポーランドは国境の画定をめぐり、ロシアのボリシェヴィキ政権と戦って東方に領土を拡大しましたが、その過程でナショナリズムが高揚すると、その副作用としての反ユダヤ主義も盛り上がり、「ユダヤ人はボリシェヴィキ政権に協力的である」、「ユダヤ商人が商品不足に乗じて投機を行い、巨利を得ている」などの流言が広まり、ユダヤ人襲撃事件が続発しました。

さらに、一九二二年、初代大統領として中道左派のガブリエル・ナルトヴィチが当選すると、野党で右派の国民民主党は「ナルトヴィチはユダヤ人の票で当選した」とのキャンペーンを展開。これに煽《あお》られた過激派は、同年一二月一六日、ナルトヴィチを暗殺してしまいます。

混乱が続く中、一九二六年、ユゼフ・ピウスツキ元帥が五月革命と呼ばれるクーデターを敢行したことで、ようやく政情は安定。ピウスツキは、かつてのポーランド・リトアニア共和国をモデルに、第二共和国も諸民族が融和する多民族国家として育成しようと考え、反ユダヤ主義を含む過剰な民族主義を抑え込むことにある程度成功していました。

ところが、一九三五年にピウスツキが亡くなると、野党・国民民主党は、隣国ドイツのヒトラー政権（一九三三年発足）が経済政策で一定の成果を上げていたことに刺激を受け、「ユダヤ人から買うな」のスローガンを掲げて反ユダヤキャンペーンを展開。これが一定の支持を集めたことから、次第にピウスツキ派も反ユダヤ主義に同調し、ふたたび、ポーランド国内でポグロムが横行するようになります。こうした状況のなかで、一九三九年九月、第二次大戦が勃発します。

一九三九年九月にドイツに占領される以前のポーランドには、推定三四〇万人のユダヤ人が居住していましたが、ポーランド全土が解放された後の一九四五年五月一六日の時点で、ポーランド国内で生存が確認されていたユダヤ人は七万四〇〇〇人でした。

戦後、ポーランドの領土は、東部地域がソ連に占領され、その代償として西部地域をドイツから割譲されたため、結果として西側に移動した格好になっています。したがって、この領土変更に伴う移住や終戦に伴う兵士・捕虜の復員、さらにはソ連から帰国する者などがありました。その結果、一九四六年六月末の時点で、ポーランド国内のユダヤ人口は二五万五〇〇〇人となりました。単純に考えると、帰国者は一八万一〇〇〇人という計算になります。いずれにしても、戦前の三四〇万人に比べると、二五万五〇〇〇人という数字はわずか七・五％にすぎません。

ユダヤ人のポーランドへの帰国が進行していくなかで、一九四五年六月、（現ウクライナとの国境に近い）ジェシュフでのポグロムを皮切りに、ポーランド各地でポグロムが頻発します。

特に、一九四六年七月四日、ポーランド中央部のキェルツェで発生したポグロムで、白昼、女性・子どもを含む四二人のユダヤ人が虐殺されると、自分たちの生命・財産に対する物理的な恐怖を感じたユダヤ人はこぞって国外に脱出するようになりました。

戦前からポーランド社会に蔓延していた反ユダヤ主義的な風潮は、大戦中のドイツによる占領体験を通じても、決して払拭《ふっしょく》されることがなかったのです。

たとえば、ポーランド国民軍の工作員としてアウシュヴィッツ収容所に潜入後、収容所から脱出して反独レジスタンスに従事していたヴィトルト・ピレツキは、マウキニア駅で顔見知りの女性駅員に「トレブリンカ村は変わったみたいだね」と声をかけたところ、駅員は「でも、ユダヤ人がすっかり片付いてせいせいしたわ」とこともなげに応じたと証言しています。そして、これが、当時のごく一般的なポーランド国民の反応だったということも。

ちなみに、トレブリンカはワルシャワの北東約九〇キロの地点にあり、ドイツ占領下の一九四二年七月、ポーランドのユダヤ人絶滅を目的に絶滅収容所が開設され、一九四三年一〇月までの約一四ヵ月の間に、七三万人以上がここで殺害されたとみられています。

ドイツ撤退後のポーランドでは、良心的な市民が頻発するポグロムの鎮圧を警察に求めても、幹部から「お前はユダヤ人を救いたいのか」と叱責《しっせき》されることも珍しくありませんでした。また、キェルツェでのポグロムの一週間後、ユダヤ人を殺害した犯人の一部に死刑判決が下されたことが報じられると、ウッチ（ドイツ占領下でのリッツマンシュタット）の労働者の間では、実行犯の死刑判決に対する抗議のストライキさえ発生しています。ユダヤ人を殺しても罪に問われないとのデマが広がっていたためです。

さらに、戦前からの反ユダヤ感情に加えて、ドイツの占領下で強制収容所に追い立てられたユダヤ人の住居には、その後、近隣のポーランド人が住みついているケースも多かったため、彼らにとって、ユダヤ人の帰還は〝迷惑〟以外の何物でもないと受け止められていました。

ところで、ソ連占領下のポーランドでは、一九四五年六月、事実上の親ソ派政権として挙国一致政府が発足していました。ナチス・ドイツを打倒して成立した（という建前の）親ソ政権にとっては、規模の大小こそあれ、本質的にはナチスと変わらぬユダヤ人迫害・虐殺が国内で横行しているという事態は、ナチスが〝絶対悪〟であるという政権の正統性の根拠を根本から揺るがしかねないものでした。

そこで、ポーランド政府は、（事実上の）共産主義政権としては例外的に、ユダヤ人の国外への移住に〝寛容〟な態度をとり、ユダヤ人の出国を促します。国民の反ユダヤ感情の原因となっているユダヤ人の存在を、物理的に除去してしまおうというのです。この結果、一九四七年二月までに、ソ連からの帰国者の大多数に相当する一六万人のユダヤ人が国外に脱出し、ポーランドのユダヤ人口は九万二〇〇〇人にまで激減しました。

一九五三年三月にスターリンが亡くなり、一九五六年二月、ソ連共産党大会でフルシチョフがスターリン批判を行うと、同年六月、国際見本市が開かれていた西部の都市ポズナンでは、外国特派員の存在を意識して、未払い分の給料の支払いを求める工場労働者のデモが発生。政府が力ずくでこれを抑え込もうとすると、反発したデモ隊は暴徒化し、死傷者は一〇〇人を超えました。いわゆるポズナン暴動です。

暴動の発生を受けて、統一労働者党の指導部は守旧派からなるナトーリン派と穏健改革派のプワヴァ派に分裂しました。このうちのナトーリン派がユダヤ系指導者の追放をスローガンとして掲げ、一九四五年以降の親ソ政権の失政の原因をすべてユダヤ人政治家や党員に押し付けることで、同じく党の指導部にいたはずの自分たちへの非難をかわそうとします。

ナトーリン派のプロパガンダは、ポーランド国内のしばらく眠っていた反ユダヤ主義を刺激する結果となり、ヴロツワフで「ユダヤ人に仕返しをしよう」という男がユダヤ系時計職人のハイム・ヌトコーヴィチを殺害。さらに、ヴァウブジィフでもユダヤ人に対する暴行事件が発生したほか、各地でユダヤ人の住居に「ポーランドから出ていけ」との多数の落書きが行われました。

このときは、ポーランド政府は、軍と警察を導入してポグロムの発生を抑え込む一方、ユダヤ人のイスラエルへの出国制限を緩和。この結果、ポーランドから脱出するユダヤ人はさらに急増しました。その中には、ソ連からポーランドに〝帰国〟したものの、結果的にポーランド社会（に根強く残っていた反ユダヤ主義的な傾向）に失望し、時間をおかずにポーランドから脱出していった者も少なくありませんでした。

最終的に、一九五五～六〇年にポーランド国外に脱出したユダヤ人の数は五万五〇〇〇人にのぼり、一九六一年の時点では、ポーランド国内のユダヤ人口は二万五〇〇〇～三万人にまで落ち込んでいます。これは、戦前（三四〇万人）の一％以下の水準です。

ついで、一九六〇年代に入ると、統一労働者党内では、新たな派閥としてパルチザン派が台頭します。パルチザン派は、大戦中にパルチザン活動に従事し、戦後はスターリン主義によって迫害を受けたと主張するグループで、人脈的にはナトーリン派の系譜を継いでいました。したがって、彼らは民族主義的な傾向が強く、時として、ナトーリン派以来の反ユダヤ主義的な主張に対して一定の親和性を持つ傾きがありました。

はたして、一九六七年六月、第三次中東戦争が勃発し、イスラエル軍はアラブ諸国の空軍を壊滅させ、六日間の戦闘で、ヨルダン川西岸、東エルサレム（ユダヤ教・キリスト教・イスラム教の三宗教の聖地がある旧市街を含む）、ガザ地区、シナイ半島、ゴラン高原などを占領するなど、赫々《かくかく》たる戦果を挙げました。

事情はどうあれ、この戦争はイスラエルの先制攻撃で始まりましたから、国際世論の多くはイスラエルを非難し、占領地からの撤兵を要求しましたが、イスラエルはこれに応じませんでした。

アラブ＝イスラエル紛争において、アラブ諸国やパレスチナ解放機構（ＰＬＯ）を支援していたソ連と東側諸国は、当然のことながら、こうしたイスラエルの姿勢に強く反発。ポーランドとイスラエルの外交関係も緊張しました。

すでに、第三次中東戦争の終結直後から、パルチザン派は、国軍のユダヤ系将校がイスラエルの勝利を祝っていたという噂を流し、反ユダヤ主義キャンペーンを展開していましたが、ポーランド統一労働者党（共産党）第一書記のヴワディスワフ・ゴムウカが労働組合全国大会の席上、ユダヤ人はポーランド国家への忠誠心にかけていると非難の演説を行うと、抑えられていた反ユダヤ主義が一挙に噴出。オシフィエンチムのアウシュヴィッツ・ビルケナウ博物館でも、ユダヤ人の苦難を示す展示場がさっそく閉鎖されました。

さらに、一九六八年三月、いわゆる三月事件が発生します。

一九六八年二月末、ワルシャワの国民劇場で上演されていたアダム・ミツキェヴィチ（一九世紀のロマン派詩人で、ショパンと並ぶポーランド愛国主義の象徴とされている）の古典詩劇『父祖の祭り』の演出について、ポーランド政府から国民の反露（反ソ）感情を刺激するとのクレームがつき、上演が禁止されました。これに対して、ワルシャワ大学の学生が抗議集会を開催。警察の介入により、二七〇〇人が逮捕され、多くの教員が大学を追われます。

パルチザン派はこの機会をとらえて、事件の背後には〝ユダヤ人〟がいると喧伝《けんでん》。魔女狩りを思わせる雰囲気の中で、内務省は公務員やそれに準じる人々の〝人種条項〟を審査し、〝ユダヤ系〟と認定された人々は職を奪われ、差別と迫害を受けました。彼らのなかには、自分が〝ユダヤ系〟に該当することを知らなかった者も少なくなかったそうです。

この結果、ポーランド国内に残っていたユダヤ系市民の三分の二に相当する約一万五〇〇〇人がイスラエルのほか、スウェーデン、デンマークなどに脱出。ポーランド国内のユダヤ人コミュニティは消滅寸前の状況に追い込まれています。

かくして、戦後のポーランド国家は、共産党体制の下で、ナチス・ドイツによる占領時代以上の〝ユーデンライン（ユダヤ人が存在しない土地）〟を実現することになりました。ちなみに、現在のポーランドは、国民の九〇％が「ポーランド人」によって構成されており、事実上の単一民族国家となっています。

以上、前章と併せてお読みいただければおわかりのように、そもそもマルクス主義、共産主義はユダヤ教の影響を受けたものなどではなく、むしろ、それを否定するところから始まっています。共産党政権がユダヤ人を弾圧し続けてきた歴史を事実に即して考察すれば、「共産主義はユダヤの陰謀」などという発想は絶対に出てくるはずがないのです。

第五章　コミンテルンはユダヤによる世界支配の手段!?

コミンテルンとは共産主義インターナショナルの略称で、基本的にソ連の対外工作機関です。第三インターナショナルともいいます。対外工作の一環として、日VS米、日VS中、独VS英仏などの対立をあおり、実際に戦争へと誘導することで、自国の脅威になりそうな国々を弱体化させることに成功しました。

「コミンテルン」という言葉だけで怪しむ人もいるようですが、高校世界史の教科書にも載っており、れっきとした実在の機関です。

コミンテルンの存在や役割そのものを訝《いぶか》しむ人がいる一方で、コミンテルンを万能組織か何かのように誤解し、次のような陰謀論にはまる人もいます。

陰謀論 **コミンテルンを通じてユダヤは世界支配を目論んでいた。**

コミンテルンの工作の一端が露呈したゾルゲ事件

ソ連のスパイといえば日本ではリヒャルト・ゾルゲや尾崎秀実《おざきほつみ》が有名です。

ドイツ人ゾルゲは、一八九五年、ロシア帝国支配下のバクーで石油技師をしていた父親の下に生まれました。家族でドイツに移住した後、ベルリン大学在学中に起きたロシア革命に衝撃を受けます。そして、第一次大戦後の一九一九年、ハンブルク大学で政治学の博士号を取得しますが、

1965年にソ連が発行したゾルゲ生誕70周年の記念切手。1941年にゾルゲが日本で逮捕された後、ソ連政府はゾルゲが自国のスパイであることを否定し続けていた。しかし、1964年11月5日、ソ連政府はゾルゲの名誉回復を行い、ゾルゲに“ソ連邦英雄勲章”を授与。翌1965年には記念切手も発行した。

同年、結党からまもないドイツ共産党に入党しています。学生時代から極めて頭脳明晰《めいせき》な人物として知られていたくらいですから、ドイツ共産党内でもすぐに頭角を現し、一九二四年、国際共産主義運動の総本山であるソ連共産党に加入するためにモスクワへ派遣されました。その後、軍事諜報《ちょうほう》部門である労農赤軍参謀本部情報総局（GRU）第四局に配属され、赤軍の諜報員として活動することになります。

当時のソ連の諜報機関はコミンテルン国際連絡課（OMS《オムス》）、国家政治局（GPU）、赤軍第四局（GRU）など複数あり、独裁者スターリンは彼らを互いに競い合わせてコントロールしていました。ゾルゲは、当初はコミンテルンの所属でしたが、赤軍に移った格好です。

その後、ドイツの有力新聞『フランクフルター・ツァイトゥング』の記者の身分を手に入れ、中国の上海でソ連の工作員として働いていました。その過程で、アメリカ人の左翼ジャーナリスト、アグネス・スメドレーと知り合います。スメドレーは、中国共産党の毛沢東への同行取材などで知られており、彼女もソ連の工作員でした。

一方の尾崎秀実は、東京帝国大学法学部を卒業後、同大学院での学究生活を経て朝日新聞社に入社し、中国問題の専門家として活動していました。当時、上海に赴任していた尾崎は、妻子がありながらスメドレーと恋愛関係を結び、コミンテルンの一員として、その諜報活動に協力していました。スメドレーが接点となって、尾崎とゾルゲは知り合います。

しかし、一九三二年の第一次上海事変(注)後、ゾルゲは上海共同租界の英国警察からソ連のスパイではないかと疑われるようになります。そのため同年末、いったんモスクワに戻り、一九三三年九月、東京に活動の拠点を移します。

東京で、ゾルゲは尾崎秀実と再会。以後、尾崎はゾルゲの要請を受け、本格的にスパイ活動を展開するようになりました。なお、ソ連の組織上、ゾルゲはGRUのメンバーで、コミンテルンの尾崎とは競合関係にありましたが、彼は自分の身分を隠し、尾崎にはコミンテルンからの指令だと言って協力させていました（加藤哲郎『ゾルゲ事件　覆された神話』平凡社、二〇一四年）。

また、尾崎は一九三六年七月、カリフォルニアのヨセミテで開催された太平洋問題調査会の第六回大会に参加した際、往復の船中で、共産主義に共感していた西園寺公一《さいおんじきんかず》（元老・西園寺公望《きんもち》

（注）第一次上海事変：一九三二年一月、日本人僧侶の殺害を機に起こった日本と中国の武力衝突。五月に停戦協定を締結。

の孫）と同室となって意気投合します。その西園寺を通じて、内閣書記官を務めていた牛場友彦《うしばともひこ》とのコネクションができました。西園寺と牛場はオックスフォード留学時代以来の友人なのです。牛場はのちに総理大臣秘書官に出世し、その牛場の斡旋《あっせん》で、一九三七年七月、尾崎は近衛内閣の内閣嘱託となるのです。尾崎はついに政権中枢に入り込み、近衛内閣の政策に影響を与えることができる立場を確保しました。

彼らの活動は多岐にわたっていますが、最も重要視されたのは、一九四一年六月に独ソ戦が勃発した後、日本軍の矛先が同盟国のドイツが求める対ソ参戦（北進）に向かうのか、英領マラヤやオランダ領東インド（現・インドネシア）、米領フィリピンなどの南方（南進）へ向かうのかを探ることと、日本の国策を南進の方向に誘導することでした。結果的に、彼らの工作活動は成功し、一九四一年九月六日の御前会議で南進を旨とする「帝国国策遂行要領」が決定されることになります。そして、この情報を尾崎から得たゾルゲは、一〇月四日、ソ連本国へ打電します。これを受けて、ソ連は日本軍の攻撃に備えて満洲国との国境に配備していた精鋭部隊をヨーロッパ方面へ移動させ、モスクワ前面の攻防戦でドイツ軍を押し返すことに成功しました。

しかし、一九四一年九月、アメリカ共産党員で日本に帰国していた北林トモを皮切りに事件関係者が順次拘束・逮捕され、一〇月一五日には尾崎が、同一八日にはゾルゲら外国人が逮捕されました。いわゆるゾルゲ事件が発覚したのです。これによって、近衛内閣は総辞職に追い込まれました。

なお、尾崎とゾルゲは裁判で死刑判決を受け、一九四四年一一月七日、処刑されています。

このようにコミンテルンが陰謀や工作を行っていたことは事実ですが、それが直ちに〝ユダヤの陰謀〟と断定できないのは当然のことです。

ゾルゲ事件に関していえば、一味の中には、ハプスブルク帝国のドイツ人将校だった父とハンガリー系ユダヤ人の母の間に生まれたユダヤ系のハーフ、ブランコ・ド・ヴーケリッチ（判決は無期懲役だが一九四五年一月一三日に獄死）もいますが、それ以外に、有罪判決を受けたユダヤ人やユダヤ系の血統の人物はいません。そもそも、主犯のゾルゲと尾崎はユダヤ人ではありませんので、事件をユダヤの陰謀とするのはナンセンスです。

労働者は団結しなければ勝てない

ここで、コミンテルンを理解する一助として、そこに至るまでの歴史についてお話ししたいと思います。

共産主義のスローガンとして、しばしば「万国の労働者、団結せよ」というマルクスの言葉が引用されますが、団結が必要とされているのは、労働者が弱いからです。社会的に弱いことはもちろん、実は、物理的、身体能力的にも弱いのです。

一九世紀後半に権力を握ったブルジョア階級は、自ら銃を取り、文字通り、力ずくで権力を奪取した、筋骨隆々の武闘派なのです。彼らは、実際に格闘におよんだ場合の個々人の戦闘能力において、下層階級の労働者を圧倒していましたし、そうでなければ〝下剋上《げこくじょう》〟で自分の地位も危ないことを十分に理解していました。

一八九六年に始まる近代オリンピックは、当初、〝アマテュアリズム〟を謳《うた》っていました。ヨーロッパ的な〝階級〟になじみのない日本では、これを清潔で高尚なスポーツの祭典のスローガンと受け止める人が大半ですが、近代オリンピックを始めたブルジョアたちの本音は、「貧乏人（＝非ブルジョア）を排除する」ことにあります。

すなわち、余技としてのスポーツで肉体を鍛え上げ、労働者を圧倒することのできる者、自分の資力でスポーツに専念できる者以外は、絶対に自分たちのサロンに入れない。ましてや、スポーツでお金を稼がなければならないような貧乏人は、軽蔑《けいべつ》の対象でしかないという、強烈な差別意識の上に成り立っているのが〝アマテュアリズム〟なのです。

会田雄次は自らが英軍の捕虜になった経験を『アーロン収容所』（中公文庫）に書いていますが、英国の士官と下士官・兵卒の違いは、その体格ですぐにわかったそうです。会田の身長は一・七五メートルですが、英国の下士官・兵卒に会田より大きい者は少なく、逆に士官の中に会田より背の低い者はいませんでした。

労働運動をしていた会田の戦友は英国の軍人の体格差を見て「なるほど、プロレタリアは団結しなければ勝てないはずだ」と、はじめて〝階級〟の意味を感得したといいます。

日本軍と違い、英国をはじめ欧米の多くの国では社会的な階級差が軍隊内の地位にも反映していますから、将校は上流階級の子弟であり、徴兵された庶民は兵士・下士官にしかなれません。また、学歴も社会的階層と関連していて、庶民が大学に行くことは、第二次大戦以前のヨーロッパでは極めて例外的なことでしたから、大学出身者は、それだけで、一定以上の社会階層の出身者であることを意味しており、よほどのことがない限り、将校として勤務します。

ところが、会田は、イタリア・ルネサンスの専門家として京都帝国大学の大学院を修了し、大学の若手教員をしていたのに、日本軍ではただの兵卒でした。大学卒業者が、応召して歩兵の一等兵になるという現象は、英国人には全く理解できないことです。そのため、会田が英国兵から職業を聞かれて、正直に答えたときには、信じてもらえませんでした。

また、映画『戦場に架ける橋』では、収容所長の斎藤大佐が英国人捕虜に「将校も兵士同様の労役を義務付けられている」と説明する場面があります。日本軍には「指揮官先頭　率先垂範」として将校も兵士と一緒になって労働に汗を流す慣行があるからです。これに対して、英国人捕虜の隊長であったニコルソン大佐は「将校に労働させるのは、ジュネーブ協定に反する」と反発します。これも、「階級」をめぐる文化摩擦の典型といってよいでしょう。

日本では上流階級の人が必ずしも肉体的にたくましいわけではありません。武士の時代は尚武の気風を重んじられたかもしれませんが、特に近代に入ってからの上流階級（えてして高学歴者）は概して青白きインテリで、腕力だけなら、むしろ体を動かして労働している人のほうが強いというイメージを持つ人が多いと思います。これに対して、ヨーロッパ（特に英国）は全く逆で、上流階級の子弟が集まるオックスフォード大学やケンブリッジ大学はラグビー部やボート部の強豪校です。その根底には、組織を運営していくための知力・教養だけでなく、万一、下々の者が反抗的な姿勢を示した場合には、腕力で叩き潰せる体力を日ごろから養っておくことが、エリートの務めであるという認識があるのです。

革命運動の国際組織が生まれる

さて、革命運動の国際的組織化の試みとしては、コミンテルン以前にも、一八六四〜七六年の第一インターナショナル、一八八九〜一九一四年の第二インターナショナルがありました。第二インターナショナルは、第一次世界大戦の勃発後、加盟する社会民主主義政党が〝城内平和〟を掲げ、それぞれ自国の戦争を支持したために瓦解《がかい》しました。

そのため、これに反対する諸派は、一九一五年九月五〜八日、スイスのツィンマーヴァルトで国際会議を開催します。同会議で、参加者は平和主義的な右派と革命的な左派に分裂します。そして、左派の中心となったロシア社会民主労働党（ボリシェヴィキ）は〝排外主義者〟や〝日和見主義者〟と絶縁した第三インターナショナルの設立を主張しました。これが、コミンテルンの源流になります。いいかえれば、そもそもコミンテルンはロシアの共産主義者が作ったものです。

一九一七年のロシア十月革命で政権を掌握したボリシェヴィキは、後進国ロシアの革命は先進工業国の革命なしには生き延びることはできないとの認識を持っていました。そのため、先進国で革命を起こすために、新たな国際革命組織の結成に乗り出します。そして、大戦終結後の一九一八年一二月、英国労働党が第二インターナショナルの再建を呼びかけると、レーニンは、これに対抗すべく、外務人民委員（外務大臣）ゲオルギー・チチェーリンに第三インターナショナル設立準備を命じました。革命が起きればいいというものではなく、自分たちボリシェヴィキが主導権を握ることが大事なのです。

一九一九年一月、三九の党やグループ宛の招待状が発表され、同年三月、ペトログラード（現サンクトペテルブルク）で革命的プロレタリア政党の国際会議が開催されました。そして、そこで第三インターナショナル（コミンテルン）の創立が決議されたのです。

ちなみに、会議に参加した五四名の代議員のうち、ロシア国外から参加したのは五名だけです。そのため、ドイツ共産党のフーゴ・エーバーラインらは「世界的な革命組織コミンテルンの創立は時期尚早」と異議を唱えましたが、ボリシェヴィキに押し切られています。

大会は、〝主要な諸国の共産党の代表者一名〟で構成される執行委員会を指導機関とし、執行委員会は五名からなるビューロー（事務局）を選出することを決定します。初代議長にはグリゴリー・ジノヴィエフが選出されました。このジノヴィエフがユダヤ系ロシア人であることもまた、コミンテルンが〝ユダヤの組織〟とのイメージの一因になったことは否定できないでしょう。

ボリシェヴィキの主導権を確立した第二回大会

こうして発足したコミンテルンは、当初から、ロシアのボリシェヴィキの影響力が圧倒的でした。そして、ボリシェヴィキは主導権を維持するため、一九二〇年七月の第二回大会で、内乱へ向けての非合法的機構の設置（第三条）、党内における軍事的規律に近い鉄の規律（第一二条）、社会民主主義的綱領の改定（第一五条）、党名の共産党への変更（第一七条）、コミンテルンに反対する党員の除名（第二一条）などを盛り込んだ〝二一箇条の加入条件〟を採択しました。

要するに「内乱を起こす準備をしろ」「党員は絶対服従」「議会制民主主義はダメ」「コミンテルンに反対するヤツは排除」ということを議決したわけで、既存の体制側からすれば危険きわまりない組織です。

もちろん、各地の左翼系政党も、無条件にこれを受け入れたわけではありません。ドイツでは、この加入条件をめぐり、一九二〇年一〇月に独立社会民主党が右派と左派に分裂します。その左派とドイツ共産党が合同して同年一二月に統一ドイツ共産党を結成しました。フランスでは、一九二〇年一二月、社会党大会でコミンテルン加盟と共産党への改称が決定され、反対派が新たに社会党を結成しています。また、コミンテルンに加盟済みだったイタリア社会党も一九二一年一月に分裂し、イタリア共産党が設立されました。

このように各地で左翼系政党がコミンテルン賛成派と反対派に分かれ、党の分裂・再統合を経て再編成されていく過程で、左派が「共産党」を名乗り、コミンテルンに加盟しました。以後、コミンテルンは世界革命を目指して、各国共産党を支援・指導していくことになります。

ちなみに、分裂後の右派はドイツでは社会民主党、フランスでは社会党になり、現在でも残っています。戦後、ドイツ社民党からは一九七〇年代にはブラントやシュミット、一九九八年にはシュレーダーが首相に、フランス社会党からは一九八〇年代にミッテラン、二〇一二年にオランドが大統領になっています。

誤解を避けるために念を押しておきますが、「右派」といっても、あくまでも左翼勢力の中での話です。現実の政治勢力としては、ドイツ社民党もフランス社会党もリベラル左派政党に分類されることは言うまでもありません。

世界大国際ソヴィエト共和国の夢破れて敗戦革命路線へ

当初、コミンテルンは「（結成翌年の）一九二〇年には、世界的規模の大国際ソヴィエト共和国が誕生するだろう」と豪語していました。しかし、一九二一年三月、コミンテルンの指導の下、ドイツ中部のマンスフェルトを中心に行われた〝三月闘争〟が失敗し、世界革命は実現不可能であることが明らかになります。

比較的強力と思われたドイツ共産党の蜂起《ほうき》があっけなく潰されましたから、コミンテルン幹部も、世界革命など無理であるとして、しばらく鎮静します。もっとも完全に諦めるような潔い人々ではなく、したたかに方向転換を図りました。

一九一七年の革命以来続いていたロシアの内戦は、最終的にボリシェヴィキが勝利し、一九二二年末にはソヴィエト社会主義共和国連邦（ソ連）が誕生します。そして、一九二四年にレーニンが亡くなると、スターリンとトロツキーの権力争いが起こりました。トロツキーは従来どおり世界革命路線を主張していましたが、スターリンは一国社会主義を掲げました。しばしば誤解されがちなのですが、スターリンは共産革命を世界に広げることを否定したわけではありません。あくまでも、今は時期尚早だから静観しておいて、まずは足元から固めようという考えです。

トロツキーは主導権をめぐる闘争に敗れ、スターリンが権力を掌握。世界革命はひとまず置いておいて、ソ連の防衛（そのための敵国における共産主義者の支援）が重要課題になります。今は隠忍自重し、機が熟した（熟すよう仕向けた）国から徐々に武力で共産化するのが狙いです。

レーニン死後、スターリンの一国社会主義路線へ

レーニンは晩年、書記局内に書記長職を新設することと、書記長にスターリンが就くことを提案しました。スターリンはカーメネフ（ユダヤ系）、ジノヴィエフ（ユダヤ系）と三人組（トロイカ）を組み、反トロツキー（ユダヤ系）共闘を成功させました。

しかし、トロツキーを放逐した後に、また新たな権力党争が起こります。カーメネフとジノヴィエフは一九二五年秋から「新しい反対派」の指導者となり、反スターリン派を形成しました。第一四回党大会で、二人はスターリンの「一国社会主義」に反対します。共産党に「首領（ウォシチ）」はいらないと、民主集中制を唱え、合議制で決めるべきだと主張します。独裁者呼ばわりされ、スターリンとしては面白いわけがありません。政敵二人を粛清します。

要所要所にユダヤ系が出てくるので、疑ってかかる人の目には、どうしてもユダヤの陰謀に見えてしまうようですが、トロツキーもカーメネフもジノヴィエフも、最後にはスターリンに粛清されてしまいました。一時の活躍ばかりでなく、その後の失脚とセットで見るならば、「ユダヤの陰謀」説もパンチが弱くなるというものです。

勝ち残ったスターリンはグルジア人です。少数民族出身ですが、ユダヤ人・ユダヤ教徒ではありません。

若きスターリンはロシア正教の司祭を目指す学校に入学しています。結局、道半ばにして退学し、司祭になりそこないますが、もともと信仰を持っている人だったことがわかります。

余談ですが、最高権力者に上りつめたスターリンにとって、一九四一年に始まった「大祖国戦争（独ソ戦のソ連・ロシアでの呼称）」は、まさに青天の霹靂《へきれき》でした。諜報機関からドイツの動きに関して情報が上がっていたにもかかわらず、なぜかスターリンは信じようとはしなかったのです。

当時、ソ連政府はモスクワのクレムリン敷地内での正教会の宗教儀礼を一切禁じ、クレムリンに隣接するウスペンスキー大聖堂の財産をすべて没収していましたが、ドイツ軍侵攻の報を聞いたスターリンは、ウスペンスキー大聖堂で救国のための祈りをささげるよう、関係者に極秘命令を出したと伝えられています。もっとも、ソ連時代を通じて、教会は一貫して共産党政府の管轄下に置かれ続けており、国民には信教の自由が認められませんでしたから、このエピソードも極秘とされていましたが……。いずれにせよ、宗教を否定する共産主義の首領だったスターリンが、正教会を弾圧しながら、正教徒として「困ったときには神頼み」だったというのは、笑うに笑えない話です。

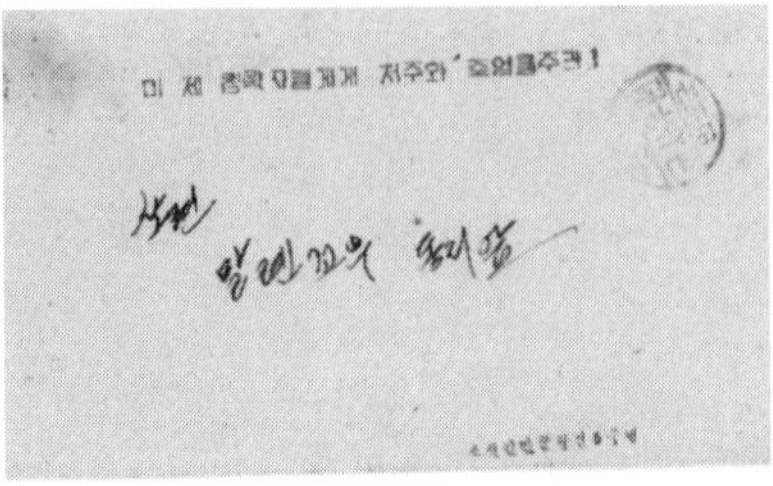

朝鮮人民軍の兵士が書かされたスターリンの追悼文（部分）とそれを送った封筒。宛名は「首領　マレンコフ同志」となっている。封筒は、朝鮮人民軍創建５周年を記念して作成されたもので、上部には「米帝侵略者に死と呪詛《じゅそ》を！」とのスローガンも入っている。

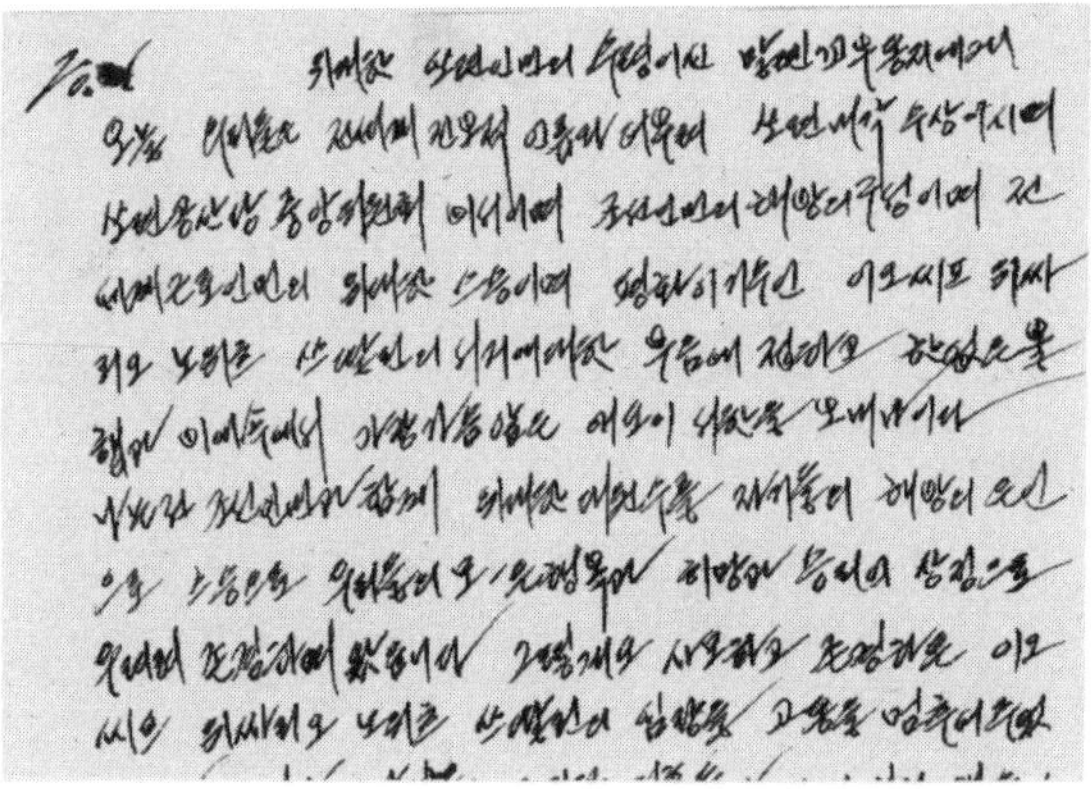

ところで、「首領（ウォシチ）」という語についても、少し説明しておきましょう。

現在「偉大なる首領」とは、北朝鮮（朝鮮民主主義人民共和国）の初代首相で、かの国では神と同格扱いの金日成《キムイルソン》の枕詞《まくらことば》のようになっています。しかし、これは反対派の粛清により、彼の権力基盤が最終的に確立した一九六〇年代半ば以降のことです。

それ以前、一九四九年九月に北朝鮮政府が正式に発足してから、しばらくの間、「首領」とは社会主義諸国の指導者という意味でスターリンに対して用いられる言葉でした。一方、金日成に対する尊称は、役職名である「首相」を用いて、「敬愛する首相」と言ったり、あるいは軍の階級である「元帥」が一般的でした。

一九五三年三月にスターリンが亡くなった際、北朝鮮の朝鮮人民軍内部では思想教育の一環として、兵士たちにスターリンの追悼文を書かせていますが、その内容は、マレンコフ（スターリンの後任のソ連首相）宛に、偉大なる首領・スターリンの死を悼み、新たに首領となったマレンコフに対して忠誠を誓うものとなっています。

ブルガリアのディミトロフ

コミンテルンの歴史を語るうえで、社会主義世界の「首領」となったスターリンとならんで、欠かすことのできないのがブルガリア人のゲオルギ・ディミトロフです。

ディミトロフは、一八八二年、オスマン帝国支配下のブルガリア西部、コヴァチェフツィの貧しい家庭に生まれました。少年時代に植字工となった彼は、まだ一〇代だった一九〇一年に印刷工全国労組の書記に選任されたのを皮切りに労働運動の活動家として頭角を現し、一九〇二年にはブルガリア労働者社会民主党（ＰＢＳ）に入党。第一次大戦末期の一九一八年には反戦活動を行って投獄されました。なお、ＰＢＳは、一九〇三年、ヤンカ・サカゾフのシロキ派（右派。統一派）とディミタリ・ブラゴエフのテスニャキ派（左派）に分裂していましたが、ディミトロフは左派に属していました。

一九一九年にロシアでコミンテルンが発足すると、ブルガリアでもPBS左派はこれに呼応して、党名をブルガリア共産党（BKP）に改称してコミンテルンに参加。ディミトロフも中央執行委員に就任します。

なお、コミンテルンの当時の「中央執行委員」は各国代表のことです。正確にいうと、コミンテルンの指導機関である中央執行委員会は「主要な諸国の共産党の代表者一名」で構成されており、ディミトロフはブルガリア代表として参加していましたが、この時点では、単なる一委員にすぎません。コミンテルンの実権を握っているのは、委員の中から（スターリンの意を汲《く》んで）選ばれる五人の事務局（ビューロー）のメンバーです。

片山潜を取り上げたソ連の切手

日本からも片山潜(注)や野坂参三も執行委員になりましたが、これは日本共産党の地位が特別に高かったわけではなく、単に日本代表というだけです。もっとも、上図のようにソ連で切手になった日本人などめったにいませんから、大したものではありません。

（注）片山潜（一八五九〜一九三三）：日本の共産主義者。アメリカに渡り、キリスト教の感化を受ける。帰国後、伝道の傍ら労働運動にいそしんだ。社会民主党結成に尽力。再度、渡米し、アメリカやメキシコで共産主義活動を行う。モスクワで病死。ソ連で国葬。

さて、ブルガリアは、一九〇八年にオスマン帝国から独立し、一九一二年の第一次バルカン戦争では領土を拡大したものの、翌一九一三年の第二次バルカン戦争で敗北し、広大な領土を失いました。失地回復のため、第一次大戦には独墺《どくおう》側で参戦し、セルビア王国を攻撃し、ルーマニア領内にも攻め込みました。しかし、最終的に敗北。敗戦の責任を取り、一九一八年一〇月、国王フェルディナンドは退位し、二四歳の皇太子、ボリス三世が新国王として即位しました。

翌一九一九年八月の選挙では反戦勢力が票を伸ばし、穏健左派政党である農民同盟が勝利し、アレクサンダル・スタンボリースキが首相に就任します。スタンボリースキは土地改革や教育改革などを行うとともに、同年一一月には講和条約（ヌイイ条約）を結んで領土縮小や軍備の制限などを受け入れ、周辺のバルカン諸国との関係改善に努めました。しかし、そのことは、第一次バルカン戦争後の〝大ブルガリア〟の復活を目指す民族主義者や軍縮に伴って解雇された軍人たちの反発を招き、一九二三年六月、軍事クーデターが発生しました。そして、軍事政権が誕生すると、スタンボリースキは逮捕・処刑されてしまいます。

クーデターが発生した当初、ブルガリア共産党は、これを「ブルジョアの内部抗争」として静観し、左翼勢力内のライバルだった農民同盟の敗北をむしろ歓迎していました。ところが、モスクワはブルガリア共産党のこうした姿勢を激しく非難します。共産党支配が確立するまで、ブルガリアでは農民同盟が強力な左派政党だったため、コミンテルンも貴重な左翼政権として一目置き、ボリシェヴィキと農民同盟は友党関係にあったからです。

名誉挽回のため、同年九月にディミトロフら共産党は農民同盟とともに武装蜂起しますが、失敗します。共産党は非合法化され、国内に基盤がなくなったディミトロフは、国外へ逃亡。ブルガリアでは欠席裁判で死刑判決を受けました。

その後のディミトロフはコミンテルンから支援を受け、ブルガリア共産党在外局としてウィーン・ベルリン・モスクワで活動を続けます。

ブルガリア国内ではそれなりに有名人のディミトロフですが、その名を国際的に知らしめたのは、一九三三年、彼がベルリンで活動していた時に起きたドイツ国会議事堂放火事件でした。

二月二七日、ベルリンの国会議事堂が放火により焼失します。事件はオランダ共産党員ルッベの単独犯行でしたが、同年一月末に発足したヒトラー政権はこの機会をとらえ、左翼勢力の弾圧に乗り出しました。その際に、ドイツ共産党議員団長のトルクラーと、ディミトロフを含む三人の在独ブルガリア人共産主義者が容疑者として逮捕されます。

事件の裁判は九月二一日にライプツィヒで始まります。ゲーリング(注)も検察側の証人として出廷

(注)ヘルマン・ゲーリング(一八九三〜一九四六):ドイツの軍人・政治家。ナチス政権下でプロイセン州首相、航空相など多くの要職を務める。戦後、戦犯を裁くニュルンベルク裁判では、被告たちのリーダーとなって弁舌の才を見せ、連合国側の検察を論破する勢いであった。最終的に死刑判決を受けるが、執行前に服毒自殺する。

「裁く者　裁かれる者」を取り上げたブルガリアの切手。「裁く者　裁かれる者」は、ドイツのダダイスト、ジョン・ハートフィールドの作品で、1933年11月16日発行の雑誌『AIZ』第45号に掲載された。放火事件の裁判を題材に、腰に手を当てディミトロフを難詰するゲーリングを手前に小さく置き、巨大なディミトロフがゲーリングを見下ろす構図とすることで、冤罪《えんざい》裁判の欺瞞《ぎまん》を突き、真に裁かれるべきはどちらかを問いかけている。ディミトロフが無罪となったことで、歴史的な傑作として有名になった。

しますが、ディミトロフの反論を受けて取り乱す場面もありました。結局、国際世論の批判もあり、一二月二三日、ルッベ以外の四被告は無罪となります。

無罪放免となったディミトロフですが、祖国ブルガリアではお尋ね者ですから、帰るわけにはいきません。しかし、裁判の活躍で共産主義仲間からは注目を集めました。ナチス政権下のドイツという、いわば敵陣で無罪判決を勝ち取ったという〝勲章〟を手に、ディミトロフは一九三五年、コミンテルンの書記長に就任します。

コミンテルンは一九四三年に解散しますが、その後も彼はモスクワにとどまり、スターリンの側近として活躍しました。ブルガリアは冷戦時代に、ソ連の一六番目の共和国と言われるぐらい親ソ傾向が強い国でしたが、その根はここにあります。

一方、ソ連としても、国際共産主義の連帯を謳う以上、コミンテルンがソ連共産党の下部組織であるという実態をカムフラージュする必要がありましたから、スターリンに忠実で、なおかつ、国際的にも名前の知られた「外国人」のディミトロフは、お飾りの書記長として、まさに適役でした。

一九三五年七～八月のコミンテルン第七回大会では、ディミトロフは、スターリンの代弁者として、反共を国是とする独伊の台頭を前に多様な左派勢力の結集を呼びかける〝人民戦線〟戦術を提起します。

共産党はそれまで社会民主主義者を排除していましたが、彼らを仲間に引き入れ、左派同士で大同団結しようとしたのです。ここで、打倒すべき敵として、日本、ドイツ、ポーランドの三国が名指しされました。さらに、そのためには米英仏の資本主義国とも提携して個々を撃破する戦略を用いるべきと訴えました。

大会は、このディミトロフ（＝スターリン）路線を採択しましたが、人民戦線＝単一労働政党への統合の考え方は、第二次大戦後の東欧での社共合同（共産党による社会民主主義政党の併合）の先駆となります。

第二次大戦におけるコミンテルンの暗躍、ソ連の対日工作は成功

第二次大戦勃発に至る経緯は非常に複雑なので、その原因を単純に言いきることは難しいのですが、ソ連およびコミンテルンの果たした役割は大きいと言えます。

日ソ関係が専門の黒宮広昭インディアナ大学教授が端的にこう述べています。

スターリンの目的は、日本を可能なかぎり弱体にし、ソ連から遠ざけておくことにあった。これは要するに、日本を中国に釘付けにし、その侵略を米英に向けさせるということである。結局、日本はその後数年まさにその通りに行動することとなった。

この方針の下、ソ連コミンテルンの工作活動は、着々と成果を上げていきます。スターリンに翻弄される日本とは対照的に、我が国の対ソ政策はソ連側に筒抜けでした。ロシア人と結婚してスパイとなった外交官、泉顕蔵《いずみけんぞう》を通じ、ソ連は外交暗号解読書（code book）を入手していたからです。

また、一九三七年七月七日には北京郊外の盧溝橋《ろこうきょう》付近で日本軍と中国軍が衝突します。この盧溝橋事件は支那事変（日中戦争）の発端となった事件ですが、翌月の八月、ソ連は中国（国民政府）と日本を仮想敵国として念頭に置いた不可侵条約を結びます。そして、日本軍が中国で泥沼に陥ることで、ソ連に目が向かないよう、中国に大規模な軍事支援を行います。

一一月一八日にスターリンは、楊杰《ようけつ》上将（のちに駐ソ大使）が率いる中国代表団に、ソ連だけでなく、アメリカやドイツからの武器調達の必要性を説き、さらには「信用ならない」英国との連携にも努めるよう促します。

「ソ連の（潜在的な）敵と結んででも、日本と戦え」ですから、恥も外聞もないというか、とにかく日本と戦ってくれるなら何でもあり、と煽りに煽っています。

極めつけは、次の発言です。

「ソ連は現時点では日本との戦争を始めることはできない。中国が日本の猛攻を首尾よく撃退すれば、ソ連は開戦しないだろう。日本が中国を打ち負かしそうになったら、その時ソ連は戦争に突入する」

かなり踏み込んだ内容ですが、「バックアップはするけれど、ぎりぎりまで自力で戦え」で、ソ連の余裕のなさもまた伺えます。

そして、一九三九年にはノモンハン事件が起きました。満洲国とモンゴル人民共和国の国境付近で起こった日ソ間の武力衝突です。永らく日本軍が大敗を喫したことになっていましたが、ソ連側も大きなダメージを受けていたことが、冷戦後の情報公開でわかっています。しかし、当時のソ連は、極東ソ連軍の実情を秘匿し、日本側が一

防共協定を背景に、日本が国境を越えて攻め込もうとしても、ソ連はそれを撃退するだろうとの意図を込めて作られたソ連のプロパガンダ絵葉書

方的に大負けしたと日本や世界に信じ込ませることには成功しました。

ソ連の心理戦略に日本はまんまと引っかかってしまったのです。

大損害を出して「敗退」した日本側は「対ソ戦で日本の勝ち目はない」として、ソ連と戦う「北進論」を弱め、南方で戦う「南進論」へと方針を転換します。もちろん、その背後には、尾崎やゾルゲが「南進論」に政策を誘導すべく活動していました。

ソ連の対独工作は半分成功、独ソ戦開始でソ連は英米協調路線に

日本はソ連にいいようにやられていますが、ヨーロッパ情勢は二転三転しています。

一九三九年四月、スペイン内戦で人民戦線を採用した共和国政府がフランコ側に降伏してしまいます。人民戦線の明らかな敗北です。

また、人民戦線が主敵としていたのは反共政策をとる独伊だったはずですが、同年八月二三日に独ソ不可侵条約が結ばれます。さらに、その一週間後の九月一日に第二次大戦が勃発し、独ソ両国はポーランドを分割占領してしまいます。共産主義のリーダーであるはずのソ連が主敵ドイツと結んでしまったのですから、人民戦線戦術など意味がありません。あっさりと放棄されました。

ところで、ドイツのポーランド侵攻で第二次大戦が勃発したわけですが、実は、その背後にも

ソ連暗躍の影がちらついています。

ドイツは一九三八年三月にオーストリアを併合し、同年チェコスロバキア(注)のズデーテン地方のドイツ帰属を主張します。ズデーテン地方はドイツと国境を接する地域で、ドイツ系住民が多かったからです。

一九三八年九月二九～三〇日に開かれたミュンヘン会談で英仏はヒトラーの主張を認め、ズデーテン地方はドイツ領となりました。そんなことが認められるのが不思議ですが、第一次大戦の衝撃冷めやらぬ当時、英仏は、「これでヒトラーがおとなしくなってくれるなら、戦争よりはマシ」と承諾しました。

ただし、英仏は、これをきっかけに強硬姿勢に徐々に転換していきます。

一方、ソ連は、ドイツのズデーテン領有について、いちおう抗議の声を上げていますが、あくまでも形式的なものでした。強い言葉で非難しながら、実際にはドイツに対して敵対的な行動はほとんどとっていません。むしろ、自分は戦わずに、英国とドイツの対立を煽り続けます。

(注) チェコスロヴァキア：チェコはオーストリア帝国領、スロヴァキアはハンガリー王国領であったが、第一次大戦後、戦勝国は民族自決の名目で「同じスラブ系民族である」という理由でチェコスロヴァキアを一つの国にした。いわば人工国家。ドイツは一九三八年一〇月にズデーテン地方併合後、一年とたたない三九年三月にチェコ全土を併合し、スロヴァキアを保護国とした。第二次大戦後、チェコスロヴァキア社会主義共和国となるが、冷戦後の一九九三年、チェコとスロヴァキアはふたたび分離した。

結局、「領土的な割譲の要求はこれで最後だ」としたヒトラーの約束は守られず、翌三九年の三月にチェコ全土を併合し、スロヴァキアを保護国とします。ここまでは強引ではありますが、いちおう武力によらず「平和的に」解決しています。しかし、ついに九月、ドイツはポーランドに侵攻し、戦争が勃発します。

ソ連はといえば、それに先立つ四ヵ月前、外務大臣マクシム・リトヴィノフを解任しています。リトヴィノフはユダヤ系ロシア人ですから、当然、ナチス・ドイツに対しては、その反共姿勢のみならず、同胞であるユダヤ人の迫害についても心理的な抵抗を感じていたはずで、対独強硬派の象徴とされた人です。さらに、夫人が英国人で、英国やフランス、アメリカなどから信頼されていました。

五月、このリトヴィノフに代わって、ドイツ宥和派のモロトフが首相兼外相となり、以来、独ソ連携が加速化していきました。しかも、八月の独ソ不可侵条約付属の秘密議定書には独ソでポーランドを分割する案や、バルト三国とフィンランドはソ連の影響圏などと、取り決められていました。つまり、ドイツと手を組むことで、ドイツが英国・フランスと戦争を起こすよう、けしかけていたのです。

案の定、ドイツがポーランドに侵攻すると、今度という今度は英仏の堪忍袋の緒が切れました。チェコのズデーテン地方のときとは異なり、英仏はこれを許さず、対独宣戦布告をします。

ここまでは、スターリンの思惑通りです。英仏とドイツが戦争でつぶしあいをしてくれれば、各国が弱った頃に、フランスやドイツの共産党が革命を起こすだろうという目論見は成功するかに見えました。

ところが、スターリンにとって大きな誤算だったのは、フランスが弱すぎたことです。ドイツ軍がフランスに入ったのは五月でしたが、たいした抵抗もなく、一ヵ月後には独仏間に休戦協定が調印されてしまいます。

こうして、ドイツが力を温存したまま、一九四一年六月に、独ソ戦が始まってしまうのです。スターリンにとっては予想外に早い展開でした。

ドイツとの戦争のために米英との協調関係を進める必要に迫られたスターリンは、一九四三年五月、〝モスクワの手先〟として悪名高かったコミンテルンの解散を決断します。

コミンテルンが各国で工作活動を行っていたのは事実ですが、西側世界では、実際の活動以上のことも語り伝えられていたため、英国・アメリカなどでは大変に評判が悪かったのです。

ちなみに、当時の日本共産党はコミンテルン日本支部ですから、その本来の役割は、ソ連の意を汲んで、日本の体制を転覆することです。したがって、日本の国家秩序を維持するために、当時の日本政府が治安維持法を制定し、処罰の対象としたのは国家として必要な措置にすぎません。現代に置き換えてみると、オウム真理教やイスラム過激派のテロ組織が公安当局の監視対象となっているのと同じことです。

共産党・共産主義者を使って、ソ連が各地で暴動を起こさせるかもしれないとの（特に英米の）正当な疑念を払拭するためにコミンテルンは解散となりました。

もっとも、戦争により各国共産党（＝コミンテルン支部）が弱体化していたことも解散にいたった理由の一つです。日本でも共産党は弾圧に遭い、一時、壊滅しています。

こうして、一九四三年六月九日、コミンテルンの解散がディミトロフら執行委員会幹部会の名で発表されました。

コミンテルンの工作に関して、詳しくは『ヴェノナ　解読されたソ連の暗号とスパイ活動』（ジョン・アール・ヘインズ、ハーヴェイ・クレア著、扶桑社、二〇一九年）や、特に対日工作に関しては江崎道朗先生の『コミンテルンの謀略と日本の敗戦』（ＰＨＰ新書、二〇一七年）を参照していただきたいと思います。

なお、一九三九年に独ソが接近する際に解任された外相リトヴィノフは、四一年に独ソ戦が始まり、英米との協調が必要になると、外務次官として復活し、スターリンやモロトフを補佐しています。つまり、ユダヤ系であっても、優秀かつ忠実で、使い勝手がよければ、使われるのです。

共産主義者とユダヤと英王室は結託している？

このように、コミンテルンはソ連の諜報工作機関ではありますが、そこに「ユダヤの陰謀」との関係を見出すことは困難です。

それにもかかわらず、ソ連ないしはコミンテルンとユダヤの陰謀を結び付ける言説が後を絶たない一因としては、反ユダヤ主義を国是としていたナチス・ドイツが、共産主義の背後にはユダヤがいるとのプロパガンダを展開し、ソ連との戦争はユダヤとの戦争でもあると強弁し続け、それを真に受けた人が少なからずいたという事情が挙げられます。

そうしたドイツのプロパガンダ工作の一例として、ここでは「謀略切手」と呼ばれる切手状の宣伝ラベルをご紹介しましょう。

下図左上は、米英ソのテヘラン会談に対抗するため、ドイツが作成した謀略切手で、一九三七年に英国で発行されたジョージ六世戴冠式《たいかんしき》の記念切手のパロディとなっています。

テヘラン会談とは、一九四三年一一月二八日、ルーズベルト、

テヘラン会談を皮肉ったドイツの謀略切手とその元になった英国の切手

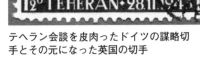

チャーチル、スターリンの三首脳がイランの首都、テヘテンで初めて直接会い、連合国としての戦争方針を話し合った会談です。

日本に関しては、前日の一一月二七日にまとめられたカイロ宣言について、ソ連が原則承認を与えている点が重要です。カイロ宣言とは、ルーズベルト、チャーチル、蔣介石の連合国首脳が対日戦の戦後処理に関してカイロで会談してまとめたもので、主たる内容は、日本の無条件降伏と満洲・台湾その他植民地の返還、朝鮮の独立などです。

さて、ドイツの謀略切手では、元の英国切手の王妃エリザベスの肖像がスターリンに代えられているほか、左右の上部にはユダヤの象徴である「ダビデの星」が描かれています。また、印面上部の“POSTAGE”は“SSSR”に、“REVENUE”は“BRITANNIA”に、印面下部の日付はテヘラン会談の日付に、それぞれ取り替えられ、王冠には共産主義のシンボルである〝槌と鎌〟が付けられています。さらに、中央の飾り文字は“SSSR”になっており、右側には鳥に代わって星印（ソ連の国章の一部）が入れられています。

君主国の英国と共産主義国家ソ連との〝野合〟を痛烈に皮肉ったデザインで、そこに「ユダヤの陰謀」がにおわされているのがミソです。

また、次頁の上図左上は、第二次欧州大戦開戦五周年の名目でドイツが作成した謀略切手で、こちらは、英国のジョージ五世在位二五周年の記念切手が元ネタになっています。

「この戦争はユダヤの戦争だ！」との文言が入ったドイツの謀略切手とその元になった英国の切手

オリジナルの英国の切手では中央の肖像はジョージ五世ですが、謀略切手ではスターリンです。肖像の両脇の年号は、オリジナルで一九一〇と一九三五（国王の在位期間）となっているところが、開戦五周年を意味する一九三九と一九四四に、また、肖像右側の月桂樹は〝槌と鎌〟に、それぞれ替えられています。王冠と〝槌と鎌〟という組み合わせには、反テヘラン会談の謀略切手同様、英国とソ連の野合を揶揄《やゆ》する意図が込められています。

さらに、英国切手の上下に記された“SILVER JUBILEE”（即位二五周年）と“1/2 HALF PENNY 1/2”の文字は、“THIS WAR IS A JEWSH（ママ）WAR”（この戦争はユダヤの戦争だ）に替えられ、上段の左右にはユダヤを示すダビデの星が、下段の左右には槌と鎌が、それぞれ入っています。

JEWISH のスペルがJEWSH と誤記されているのはご愛嬌ですが、第二次大戦は、ユダヤと共産主義者の陰謀であり、彼らと結託した英国を打倒すべしというナチス・ドイツの主張がストレートに表現されたカリカチュア（風刺画）となっています。

コミンテルン解散後のディミトロフ

さて、ソ連の対外工作機関としてのコミンテルンは一九四三年に消滅しましたが、その後もスターリンは各国の共産党組織に対する〝指導〟を維持するため、ソ連共産党中央委員会内に〝国際情報部（ＯＭＩ）〟を新設します。つまり、指導という名のコントロールで、各国の共産党を通じてではなく、各地の工作員を直轄したのです。

旧コミンテルン執行部は、ほぼ横滑りし、ディミトロフがその部長におさまります。ただし、あくまでも、ＯＭＩはソ連国内の組織であるとの建前から、その名目上の責任者はシチェルバコフ（ロシア人）で、ブルガリア人ディミトロフは「副責任者」になります。しかし、実際にＯＭＩの実務を取り仕切っていたのはディミトロフで、彼はスターリンの忠臣として各国共産党を指導、コントロールし、東欧諸国で親ソ派共産党が権力を掌握していくための水面下の工作を行い、旧東側世界を築く道筋を作りました。

ソ連占領下の東欧での工作活動に一定の目途《めど》が立つと、ディミトロフはブルガリアに帰国し、一九四五年一一月七日、自らを首班とする新政府を樹立。翌四六年九月には王制をめぐる国民投

ディミトロフの没後１周年に際してソ連が発行した追悼切手には、ブルガリア首相としてではなく、コミンテルン元書記長として「国際労働運動の傑出した活動家」との賛辞が付けられている。

票を行い、王制を廃止に追い込みます。さらに四七年一二月、ソ連が起草した「ディミトロフ憲法」を議会で通過させ、ソ連型の「人民共和国」を築き上げました。

東西冷戦の時代、ソ連は中東欧を影響下においていましたが、他の東欧諸国は基本的に面従腹背で、必ずしも親ソではありませんでした。しかし、ブルガリアだけは最初から最後まで忠実でした。

そして、ディミトロフは失脚することなく、四九年にモスクワの病院で亡くなっています。死後は、ブルガリアの首都ソフィアにディミトロフ廟《びょう》が建てられ、モスクワのレーニン廟のように遺体が保存・安置されましたから、いかに強大な権力者・独裁者であったかがわかります。なお、ディミトロフ廟は冷戦終了後の一九九九年に撤去されています。

知る人ぞ知る隠れた凄腕《すごうで》工作員ゲオルギ・ディミトロフ、スターリンの右腕としてコミンテルンに君臨し、晩年はブルガリアの独裁者に収まり、粛清もされずに天寿を全うしたのです。

第六章　東欧のユダヤ人はハザール改宗ユダヤ人の末裔《まつえい》!?

陰謀論

現在のユダヤ教徒はハザール系改宗ユダヤ教徒の子孫で、パレスチナから離散したユダヤ人の子孫ではない。したがって、パレスチナの地にイスラエルを「再建」する権利などない。

ハザールとは、七～一〇世紀ごろ、カスピ海や北海の北部沿岸に栄えた遊牧民族ないしは彼らの国で、その支配層が九世紀にユダヤ教に改宗したとされています。

ユダヤ＝ハザール論者の理屈によると、

「中世西ヨーロッパのユダヤ人口は数万人だったのに、一七世紀東欧のユダヤ人口が数十万あったことは西方からの移民では説明できない。現在のユダヤ教徒の大半を占めるアシュケナジムは、ハザール系ユダヤ教徒の子孫である。つまり、古代パレスチナに住んでいたユダヤ人の子孫ではなく、ユダヤ教に改宗したハザール人やスラブ人の子孫であって、セム系の起源を持たない。したがって、イスラエルへの歴史的権利もなく、神によるイスラエル人へのカナンの地の約束の主体でもなく、それゆえ、シオニストたちの根拠は崩壊する」

つまり、ハザール系の偽ユダヤ人が、あたかもパレスチナから離散したユダヤ人の子孫であるかのように「祖国の回復」を求めている、これは不当であるというのです。

そこで、ハザールの前に、まずはヨーロッパにおけるユダヤ人の歴史について、ご説明しましょう。

ユダヤ人の歴史―アシュケナジム―

ユダヤ人には、大きく分けてアシュケナジムとセファルディムの二系統があります。

アシュケナジ（アシュケナジムの単数形）の語源は創世記一〇章、一～三(注)にでてくるノアの曾孫ですが、なぜか現在のドイツにあたる地域、特にライン地方のユダヤ人を指すようになります。（滝川義人『ユダヤを知る事典』東京堂出版、一九九四年、一八五～一八六頁）

なお、アシュケナジムの中心が東欧に移るのは十字軍以降です。

ライン地方に大勢のユダヤ人が住むようになったのは、フランク王国のカール大帝およびルートヴィヒ一世(注)が、王国内の商業を盛んにするため、イタリア半島のユダヤ人のライン地方への移住を奨励したことに始まります。

（注）創世記、一〇章一～三：「ノアの息子、セム、ハム、ヤフェトの系図は次のとおりである。洪水の後、彼らに息子が生まれた。ヤフェトの子孫はゴメル、マゴグ、メディア、ヤワン、トバル、メシュク、ティラスであった。ゴメルの子孫は、アシュケナズ、リファト、トガルマであった。」

（注）カール大帝およびルートヴィヒ一世：カール（シャルルマーニュ）大帝（七四二～八一四）はフランク王国最盛期の王。在位七六八～八一四。西ヨーロッパの主要部分を統一し、八〇〇年に戴冠し皇帝となり、「西ローマ帝国」を復活させた。ルートヴィヒ（ルイ）一世（七七八～八四〇）は大帝の息子で「敬虔王《けいけんおう》」と呼ばれる。フランク王、西ローマ皇帝。在位八一四～八四〇。

中世封建社会は土地所有者と農民で構成され、ユダヤ人は社会の枠外の存在でした。そして、彼らの法的地位は、あくまでも、封建領主の〝善意〟に依拠していました。こうした〝差異〟によってユダヤ人は、キリスト教徒である一般民衆からの嫌悪・憎悪を招きやすい存在でした。異質でよくわからないマイノリティの集団は、いつの時代も差別や偏見の対象です。

例えば、ユダヤ教の儀式を〝黒魔術〟と恐れる感情から多くのデマが発生します。典型的なのが、「ユダヤ人は非ユダヤ人の子どもを殺し、その血を過ぎ越しの祭りの儀式に使う」というものです。さまざまなヴァリエーションが伝わっていますが、「血をパンに入れる」や「生き血をすすっている」というドラキュラのような話もあります。実際には、ユダヤ教では血のついた卵を食べることも禁忌なので、過ぎ越しの祭りに血のついたものを飲み食いしたり、ましてや血そのものをすすったりなどということはありえません。

ただ、王侯が商業を盛んにするためにユダヤ人を招いた事実からも明らかなように、キリスト教徒は主に農民で、当初は商工業者が少なかったのです。不得意分野をユダヤ人で補ったので、ある種の棲《す》み分けができていました。ところが、キリスト教徒の商工業者が育つと、閉鎖的な同業者団体ギルドを形成し、ユダヤ系の商工業者は排除されるようになります。こういった西ヨーロッパにおける産業構造的な変化も、知識や技術を持ったユダヤ人たちが、独自のネットワークをたどり、徐々に東ヨーロッパに移住していく一因でもありました。

しかし、決定的だったのは、十字軍がユダヤ社会にもたらした災難です。

一〇九六年、第一回十字軍の遠征が行われます。十字軍とはイスラムの支配下に入ったエルサレムを奪還するために組織された遠征軍のはずでした。しかし、本質的には異教徒との戦いです。そこで動員された兵士の一部は思いました。

「なぜ異教徒を倒すためにわざわざ遠方に赴かなければならないのか？　近くに異教徒（ユダヤ人）がいるではないか！」

その反異教徒、反ユダヤ感情をまた、各地の下級聖職者が煽ります。そのため、十字軍遠征の最初の犠牲者は、中東や地中海のイスラム教徒ではなく、ライン地方に住むユダヤ教徒なのです。その後、一二～一三世紀には西ヨーロッパ全域で、ユダヤ人の虐殺事件が散発します。

一一四四年、英国・ノーウィッチで、ある噂が広がりました。

「世界中のユダヤ教徒の間では、毎年、キリスト教徒の子どもを一人犠牲にするという風習があり、彼らはウィリアム少年を拉致《らち》し、聖金曜日にキリストの磔刑《たっけい》に倣って殺害した」

これに激昂した住民がユダヤ教徒を大量虐殺してしまいました。中世ヨーロッパにおける「血の中傷」の初例です。しかも、騒動はノーウィッチにとどまらず、ヨーロッパ中に拡散します。

一一六八年にグロスター（英）、一一七一年にブロワ（仏）、一一八一年にウィーン（墺）、一一八二年にサラゴサ（西）、一二三五年にフルダ（独）、一二五五年にリンカーン（英）、一二八六年にミュンヘン（独）で同様の事件が起こっています。

上層の支配者はユダヤ人に対する異常な殺戮《さつりく》を止めようとしました。しかし、ローカル聖職者は「ユダヤ人はキリストを殺したのだ！」と執拗《しつよう》なまでに繰り返し叫び、一般信徒の反ユダヤ感情を煽りまくったので、あまり効果はありませんでした。

もっとも、ユダヤ人を保護する国王や教皇にも、彼らユダヤ人を同等に扱おうという気はさらさらなく、その基本認識は「ユダヤ人の生命・財産は保障するが、彼らは貧困と屈辱の中で生活すべき」です。

そして、一一七九年に第三回ラテラノ公会議が開かれると、「ユダヤ人はキリスト教徒の召使いを雇ってはならない。キリスト教徒はユダヤ人の居住地の近くに住んではならない」と定められます。ユダヤ人とキリスト教徒の隔離政策の復活です。差別といえば差別ですが、一緒に生活すると、頭に血が上ったキリスト教徒がユダヤ人を虐殺するので、一緒にしておけないという事情があったと考えると、一種の保護政策でもあります。

第三章でも触れた「キリスト教徒間の金銭貸借では金利を取ってはならない」も、この第三回ラテラノ公会議で決められました。時代は中世でも、金融業者なしに商業や流通は成り立ちません。人間社会に必要な金融という〝汚れ仕事〟をユダヤ人に押し付ける構造が、事実上、成立しました。

ユダヤ人＝高利貸しのイメージがどのようにして広まっていったかは第三章で詳述しましたが、ユダヤ人に対する中傷や迫害は一四世紀半ばにペストの惨禍がヨーロッパ中を覆ったとき、頂点に達します。「ペストの流行はユダヤ人が井戸に毒を投げ込んだせいだ」などと噂され、民衆はそれを信じました。ペストにかかるユダヤ人が比較的少なかったことも、幸い中の不幸でした。ユダヤ人の間では衛生学や医学の知識が普及していたこと、隔離された生活を送っていたことなどがその理由ですが、ペストの細菌学的知識のない当時の人々にとっては、そんな状況も猜疑心《さいぎしん》に火がつくだけでした。（上田和夫『ユダヤ人』講談社現代新書、一九八六年、八二～八三頁）

ユダヤ人は、住みにくくなる一方の西欧を逃れ、ポーランドを中心とした東中欧への移住が本格的に始まります。これがアシュケナジムのルーツです。

当時、ポーランド・リトアニア王国(注)が、商業を重視した政策をとっており、経済知識、特に金融知識のあるユダヤ人を積極的に受け入れていました。

(注) ポーランド・リトアニア王国（一五六九～一七九五）：正式名称はポーランド王国およびリトアニア大公国。ポーランド・リトアニア共和国とも。貴族の力が強く、王権を著しく制限していた。「国王は君臨すれども統治せず」は、元来、ポーランドのこの時代の体制について用いられた言葉。ポーランド人、ウクライナ人、ベラルーシ人、リトアニア人、ユダヤ人などさまざまな民族から成り立っていた。

ユダヤ人の歴史―セファルディム―

もうひとつの系統であるセファルディムは聖書のオバデヤ書（注）に出てくるセファラドが語源です。これがスペイン及びスペインに定住したユダヤ人とその子孫を指すようになりました。現在ではアラブ・アフリカ・アジアに住むユダヤ人のことをセファルディムということが多いようです。

西暦一～二世紀頃からユダヤ人のスペインへの定住が始まります。当時はローマ帝国ですが、帝国が衰えると異民族の侵入を受けるようになりました。そして五世紀、イベリア半島は西ゴート王国（注）の支配下に入ります。

西ゴート王国の初期にはユダヤ人は自治を認められ、主に地中海貿易に従事しました。中には官職を持つ者も現れました。キリスト教徒との関係も隔絶したものではなく、キリスト教徒の農民がラビを介して豊作祈願を行うなど、両教との習合現象も少なからず見られました。そんな西ゴート王国ではユダヤ人口が増加します。

（注）オバデヤ書：二〇節に「捕囚となった、セファラドにいるエルサレムの人々は、ネゲブの町々を所有する」とある。このセファラドは小アジアのサルディスのようだが、中世のラビたちはスペインと考えた。（『ユダヤを知る事典』東京堂出版、一八七頁）

（注）西ゴート王国（四一五～七一一）：ゲルマン人の王国。フランス南部からイベリア半島にかけての地域を支配した。キリスト教アリウス派であったが、のちにカトリックに改宗し、これを国教とする。

ところが、五八九年に、レカレド一世（五六〇頃～六〇一）がカトリックに改宗すると、反ユダヤ法が次々に制定されていきました。レカレド一世一代にとどまらず、後継者たちも反ユダヤ法を拡充していったので、七世紀末には、ユダヤ人の多くが北アフリカに移住してしまいます。

ちょうどその頃、イスラム帝国が勢力を増し、七世紀から八世紀にかけて中東から地中海に接するアフリカにおよぶ地域を支配下におさめます。そして、七一一年にはウマイヤ朝(注)の版図がイベリア半島まで拡大しました。

ウマイヤ朝は七五〇年に滅亡し、アッバース朝がとって代わります。アフリカ東部からアジアにかけてはこのアッバース朝が治めるのですが、イベリア半島はアッバース朝に従わず、ウマイヤ家の後裔が後ウマイヤ朝（七五六～一〇三一）政権を樹立します。

後ウマイヤ朝時代には、ユダヤ人がまたスペインに戻ってきて、アンダルス（スペインのイスラム支配地域）の〝黄金時代〟を支えます。特に、ハスダイ・イブン・シャプルート（九一五～九七〇）はカリフの侍医から出発し、外交にも関与しました。

ちなみに現スペイン南部にアンダルシア地方がありますが、これはイスラム時代最末期の「アンダルス」で、後ウマイヤ朝時代の「アンダルス」はイベリア半島全域です。

（注）ウマイヤ朝（六六一～七五〇）：首都ダマスクス。イスラム世界の指導者はもともと世襲制ではなかったが、初の世襲王朝を築く。西北インドからイベリア半島まで広大な版図を支配。

この後ウマイヤ朝も一一世紀には崩壊してしまい、その後、イベリア半島のイスラム世界は小国分裂の時代に入ります。

北からは、レオン・カスティリャ・アラゴンといったキリスト教国によるレコンキスタ（国土回復）運動が本格化します。

南には、そのカウンターとしてムラービト朝（一一世紀）ついでムワッヒド朝（一二世紀）が建ちます。北アフリカに起こった両王朝は原理主義的な傾向が強く、ユダヤ人に対しても不寛容です。それが、イベリア半島に進出してきました。

そのため、多くのユダヤ人がキリスト教スペイン諸国や東方イスラム世界に移住しました。キリスト教スペイン諸国は、レコンキスタ運動の過程では、ある程度、ユダヤ人との共存を志向します。隷属民としてではありますが、都市のユダヤ人には信仰の自由と自治が与えられました。

そして、一四〜一五世紀には、グラナダを除くイベリア半島ほぼ全域でレコンキスタが完了します。そうなるとユダヤ人との共存の基盤が喪失しますから、スペインでも反ユダヤ主義が蔓延《まんえん》します。レコンキスタは「異教徒を追い出せ」という運動なので、イスラム教徒のみならず、ユダヤ教徒も追い出しの対象です。イスラム教徒を追い払うまではユダヤ人を利用しても、そのあとはお払い箱。現金なものです。

ユダヤ教徒のままでいては迫害を受けるため、キリスト教に改宗するユダヤ人（コンベルソ）

イスラエルが発行した「スペインからのユダヤ人の追放500年」の切手シート

が増加します。しかし、多くの改宗者は心の底からキリスト教徒になったわけではありませんでした。迫害を逃れるため、しかたなく改宗した偽装改宗者はマラーノ（豚）と呼ばれました。

一四九二年一月、グラナダが陥落し、レコンキスタが完了します。そして同年三月には、スペインでユダヤ人追放令が出ます。それは、国王側近の有力コンベルソが提案したことでした。この結果、およそ一五万人のユダヤ人が追放を選び、スペインに残るため改宗に応じたのは五万人ほどだったと言われています。

レコンキスタの時点では、隣国のポルトガルに移住したユダヤ人が多かったのですが、そのポルトガルでも一四九六年にユダヤ人追放令が発せられ、遠くのオスマン帝国やハプスブルク家の治める神聖ローマ帝国へと、旅立たなければなりませんでした。

ハプスブルク帝国は金融や技術的知識に長じたユダヤ人

を歓迎し、皇帝の庇護《ひご》下に置きました。

結局、レコンキスタ前後の数十年で七〇～一〇〇万人のセファルディムが中東欧に移動したと考えられています。ですから、一五世紀の間に、その半分にあたる五〇万人が中東欧に移住したとすれば、この地域のユダヤ人の増加も人数的に説明がつかないことはないのです。

ハザールとは何か

お待たせいたしました。ここから、問題のハザールについての話です。

ハザールについては資料が少なく、その起源などの詳細は不明ですが、民族としてのハザールはテュルク（トルコ）系遊牧民とみられています。もともと、彼らは多神教とアニミズムを信仰しており、なかでも、「テングル・カガン（天王）」を崇拝していました。

六世紀末頃にカスピ海沿岸およびカフカース(注)からアゾフ海に進出し、西突厥《にしとっけつ》(注)の宗主権下に入りました。そして、〝東のテュルク〟（の中心をなす民族）としてビザンツ帝国(注)と同盟を結び、ササン朝ペルシアと戦います。

七世紀中頃になると、西突厥は衰退し、カスピ海の北からカフカース、黒海沿いにハザール・

(注) カフカース：カフカース山脈周辺地域を指す。現在のロシア、ジョージア（グルジア）、アルメニア、アゼルバイジャンのある地域。カフカス、コーカサスとも。

（注）西突厥：六～八世紀にモンゴル高原から中央アジアを支配していたテュルク（トルコ）系騎馬民族を突厥という。五八三年に東西に分裂し、東突厥はモンゴル高原、西突厥は中央アジア方面を本拠地とした。なお、本文中の〝東のテュルク〟はビザンツ帝国側から見た相対的な位置によるもので、漢文史料に出てくる東突厥のことではなく、ハザールを主力とする中央アジアのテュルクである。

（注）ビザンツ帝国（東ローマ帝国）：三九五～一四五三年。ローマ皇帝テオドシウスは三九五年の死に際して、帝国の東を長子アルカディウスに、西を次子ホノリウスに分与した。西ローマ帝国は四七六年に滅亡するが、東ローマ帝国は一五世紀まで存続する。首都はコンスタンティノープル。首都の旧名ビザンチオンよりビザンツ（ビザンチン）帝国と呼ばれる。なお、一四五三年にオスマン帝国に滅ぼされると、都はイスタンブールと改称された。

カガン国が成立します。拠点であるカフカース地方ではムスリムと国境を接するため、ムスリムとの関係が緊張します。ハザールはビザンツ帝国とムスリムの間に挟まり、どちらか一方の陣営につくのは賢明でないという選択から、中立をめざすことになりました。

そのためにとった方法がユダヤ教への改宗です。キリスト教世界にもイスラム教世界にも服さない道でした。八六四年までに、支配層がユダヤ教に改宗し、一部の住民がそれに従いました。これをもってハザールがユダヤ教を国教化したとされますが、中世から近代初期のヨーロッパにおけるカトリック（のちプロテスタントも）とは、だいぶ実情が違うようです。ヨーロッパでは、国王や領主の信仰する宗教に全住民が従いましたが、ハザールの「国教化」はそれほど徹底した形ではなかったと考えられます。ただ、このことにより、キリスト教国のビザンツ帝国で虐げられたユダヤ人たちが、迫害を逃れてハザールに定着することになりました。なお、ハザールとビザンツ帝国の国家間関係は比較的良好でした。

しかし、約一世紀後の九六五年、ハザール・カガン国は遠征してきたキエフ・ルーシ(注)に制圧され、事実上崩壊します。

「この崩壊したハザールから改宗ユダヤ人が東欧各地に移住した。アシュケナジムは改宗ハザール人の末裔である」が、本章冒頭の陰謀論です。

(注)**キエフ・ルーシ(九〜一三世紀)**：ウクライナ、ロシア、ベラルーシの祖とされる国家。キエフ(大)公国とも。ノルマン人がキエフ(現ウクライナの首都)を中心に建てた国。ギリシャ正教を受容。

北方主義との関係

東欧ユダヤ人ハザール起源説が流布することになったきっかけの一つとしては、一九二二年にアメリカの作家、ケニス・ロバーツが『サタデー・イブニング・ポスト』誌に連載した「なぜヨーロッパは故郷を離れるか」が挙げられます。

ロバーツの主張は以下のように要約できます。

ロシア系の亡命者は北方人種なので美しく優秀である。これに対して、ポーランドやルーマニアからアメリカに流入してきた「地上の屑」、ユダヤ人はアジア人であり、ヨーロッパ人ではない。ユダヤ人は少なくとも「ハザール」との混血であり、部分的には「モンゴロイド（ここでは黄色人種とほぼ同義）」である。カリフォルニア州では白人地区の入口でモンゴロイドを遮断したが、今後、彼らは数百万単位で西から東に流れ出すだろう。かつて、古代ギリシャでは移住の制限がなかったために、「ギリシャ人種」は跡形もなく姿を消してしまったではないか。その轍《てつ》を踏んではならない。

「北方人種」というのは、一八九九年、アメリカの人類学者、ウィリアム・Z・リプリーが『ヨーロッパ諸人種：社会学的研究』において、コーカソイドの下位分類として、地中海人種、アルプス人種とともに提案した概念です。

この分類では、北方人種が知能・精神面でも優等で「人を導くのに最適な才覚」を持っており、地中海人種は「身体においては北方人種に劣るが、知性豊かで創造性に溢《あふ》れる」、アルプス人種は「基本的に従属する存在で、兵士や水夫などに用いる。王たる北方人種とはもっとも正反対の存在」とされました。

このように、「優秀な北方人種」の指導の下、他の人種が従属すべきとする考え方を北方主義といい、こうした考えを報じる人々はノルディキスト（北方主義者）と呼ばれました。

しかし、ヨーロッパ文明の源泉とされる古代ギリシャ・ローマは、北方人種ではなく、地中海人種やアルプス人種によって構築されています。これだけでも、北方主義は、一瞬にして論破される珍説です。ところが、二〇世紀初頭、急増する移民を制限したいとの世論が強かったアメリカでは、北方主義に一定の説得力を感じ、支持する人も少なくありませんでした。

特に、カリフォルニアなどアメリカ西海岸では北方主義は黄禍論《おうかろん》と結びつき、一九一三年にはカリフォルニア州議会で「カリフォルニア州外国人土地法」が可決されます。「排日土地法」とも呼ばれた同法は、市民権獲得資格のない外国人（主に日系人らアジア系移民）の土地所有および三年以上の賃借を禁止したものです。条文の文言には「日系人」を特定する言葉はありませんが、法案起草者のウェッブ・ヘニーが「この法案は、農業において日本人がこれ以上発展するのを防ぐのではなく、カリフォルニア州から日本人を追い払うことを目的としている」と述べているように、日系移民の数が急増する中で、日系人を閉め出す意図が明白でした。また、北方主義では「劣等人種」として差別されていた南欧・東欧出身の下層労働者（特にイタリア系貧困労働者）が、労働市場での競合相手ということもあって、（北方主義の序列では）自分たちよりも「下等な」日系人を排除する急先鋒《きゅうせんぽう》となっていたということも見逃してはなりません。

ロバーツの主張に出てくる「カリフォルニア州では白人地区の入口でモンゴロイドを遮断」というのも、おそらく、「カリフォルニア州外国人土地法」などを念頭に置いたものと思われます。

さらに、一九一六年、人種学者のマディソン・グラントが発表した著書『偉大な人種の消滅、或いは欧州の人種史』は、北方主義に基づく人種学の概説書としてアメリカ社会に広く受容され、著者のグラントは政府の助言者として、移民政策の実現に大きな影響を及ぼしました。

グラントの唱えた移民政策を要約すると、人類文明を作り上げたのは北方人種であり、それを無視した人種混血はアメリカの破滅を招くから、優等である北方人種の移民を無制限にしたうえで、地中海人種とアルプス人種は選別し、アフリカなどからの黒色人種、日本・中国などからの黄色人種の移民は全面的に禁止すべきというものでした。

一九二三年八月、ウォーレン・ハーディング大統領の急死によって、副大統領から大統領に昇格したカルヴァン・クーリッジは、グラント説の支持者で「人種の混血は自然の摂理に反する事である」と談話を発表。一九二四年七月一日、改正移民法（一九二四年移民法、ジョンソン＝リード法とも）が施行されます。

この移民法では、各国からの移民の年間受け入れ上限数を、一八九〇年の国勢調査時にアメリカに住んでいた各国出身者数を基準に、その二％以下にするもので、一八九〇年以後に大規模な移民の始まった東ヨーロッパ出身者（ロシア帝国領内でのポグロムを逃れてアメリカに渡ったユダヤ人も多数含む）・南ヨーロッパ出身者・アジア出身者を厳しく制限することを目的としていました。

ロバーツの主張は、こうした時代状況の下で、ユダヤ系移民を排除しようとするもので、自説を補強するための根拠として、現在のユダヤ人はハザールの血を引いていると主張したのです。

ただし、彼は、ユダヤ人がハザールの子孫であるということの明確な根拠を示しているわけではなく、その主張は憶測の域を出るものではありません。なお、ユダヤ人を「劣等民族」と位置付ける以上、ロバーツは「ユダヤ人による世界征服」の陰謀についても明確に否定しています。このあたりは、北方主義の派生形ともいうべきナチズムが、「世界支配をめぐる民族の戦いは究極的にはドイツ民族とユダヤ人の戦いであり、アーリア人の勝利か、もしくはその絶滅とユダヤ人の勝利」の二つの可能性しかないと主張していたのとは趣を異にしています。

アーサー・ケストラーの『第十三支族』

北方主義に対しては、すでに、一九三〇年代から英国を中心に強い批判があり、イタリア・ファシスト党のベニート・ムッソリーニさえ「人種論など、九割は感性の産物である」と一蹴《いっしゅう》するほどでした。さらに、ナチス・ドイツ独特の人種主義による蛮行と第二次大戦でのドイツの敗戦を経て、その影響力はまともな言論人の間ではほぼ皆無になり、ユダヤ人ハザール起源説も下火になります。

ところが、一九七六年、ハンガリー出身のユダヤ系作家、アーサー・ケストラーが『第十三支族』（宇野正美による邦訳は『ユダヤ人とは誰か　第十三支族・カザール王国の謎』一九九〇年、三交社）を刊行したことで、再び注目を集めました。

ケストラーは、一九〇五年、ハプスブルク支配下のブダペストで、ユダヤ系ハンガリー人の父とオーストリア人の母との間に生まれました。父親は実業家で、幼少期は裕福な生活をしていましたが、第一次世界大戦によって事業の継続が困難になり、一家はウィーンに移住。ウィーン工科大学に在学中は苦学生として過ごしました。

一九二六年、シオニズムへの関心からパレスチナに入植したものの、現地でドイツの通信社ウルシュタインの職を得て、一九二九年、フランス支局の特派員となります。さらに、翌一九三〇年、自然科学についての知識の深さを認められ、科学欄編集長としてベルリン本社へ配属されると、当時台頭しつつあったナチスへの批判を展開し、ドイツ共産党に入党しました。

こうしたこともあって、ケストラーはウルシュタイン社を解雇されましたが、国際革命作家同盟の招きでソ連に滞在。ところが、今度はスターリン支配下の全体主義的独裁体制に幻滅し、一九三三年にはフランスに亡命します。

一九三六年にスペイン内戦が勃発すると、共産党組織の伝《つて》で、英ニュース・クロニクル紙の特派員としてフランコ軍の支配地域に潜入。フランコ軍とナチスの協力関係を暴露するスクープ報道をしましたが、二度目の潜入時に逮捕され、死刑の宣告を受けます。しかし、四ヵ月の拘留の後、英国政府の介入で救出されました。

その後、英国を経てフランスに戻ったケストラーは、ソ連滞在時の体験やスターリンの粛清を逃れてきた人々の証言などをもとに、一九四〇年、ドイツ語の小説『真昼の暗黒』を発表します。物語は、古参の革命家で共産党幹部のルバショフが冤罪《えんざい》容疑で逮捕され、収容所に送られてくるところから始まり、社会主義への幻想が根強かった西欧の進歩的知識人たちに衝撃を与えました。さらに、同書の刊行と前後して、ケストラーはドイツ共産党に対して離党通告を送り、転向しています。ちなみに、全体主義批判の書として有名なジョージ・オーウェルの『一九八四』(注)も、『真昼の暗黒』から大きな影響を受けていることが指摘されています。

一九四〇年六月、欧州大戦でフランスがドイツに降伏すると、ケストラーは親独ヴィシー政権下で「反ナチス的人物」に認定され、南仏のル・ヴェルネ収容所に送られますが、フランス外人部隊に配属されることを条件に収容所から解放されます。その後、まもなく逃亡して英国に帰還。以後、英国軍に参加するなどして終戦までを過ごしました。

一九四五年、ケストラーは英国国籍を取得し、その後しばらく、フランスで生活。一九五六年のハンガリー動乱では積極的な活動を展開するも、自ら企画した集会では自身の政治への決別を公表して聴衆を失望させせました。

(注)『一九八四』：英国の作家ジョージ・オーウェルが全体主義によって統治された社会を描いた小説。物語の中で、市民生活は統制され、屋内・屋外を問わず常に監視されている。一九四九年刊行。

その後は、自然科学の領域に対する関心を強め、さらには超常現象へ関心を寄せるようになりました。しかし、強度の抑鬱《よくうつ》状態に悩まされ、一九八三年、自身のパーキンソン病と白血病を理由に、安楽死推進団体の規定手順に従い夫人と共に睡眠薬を用いて服毒自殺しました。

ケストラーはその成育環境もあり、ヨーロッパの多言語を使いこなすマルチ・リンガルで、ある種のコスモポリタン的な立場から、左右の全体主義と戦ってきました。

そんな彼が、〝ユダヤ人〟という自らの出自に対する問いかけの意味を込めて、テルアビブ大学のユダヤ史の教授A・N・ポリアックの仮説を基に、一九七六年に発表したのが『第十三支族』でした。もちろん、その背景には、一九六七年の第三次中東戦争後、イスラエルが、国連安保理の停戦決議を無視して、シナイ半島とガザ地区、ヨルダン川西岸、ゴラン高原の占領地に居座り続けたことへの痛烈な批判意識があったことは容易に見て取れます。

ケストラーの議論は、論理的には決して粗雑なモノではなく、それなりに説得力があります。ただし、いかんせん、根拠となる資料が絶対的に不足しています。たしかにハザールという国は実在していました。彼ら（の一部）がユダヤ教に改宗したことも記録が残っています。しかし、改宗の程度は不明ですし、ハザールのユダヤ教徒がアシュケナジムであると言い切るには推測の域が多すぎます。ケストラー自身が、衰退期のハザール国家については「名前も日付も地理上の指摘も、何とおりかに解釈できるあり様」で、移住民の数に関しては「まったく信頼するに足る

情報がない」と言及しています。（前掲書、一九三頁、二二五頁）

結局、ハザールに関する資料が非常に少ないので、確実な根拠を示すことができないのです。誤解を恐れずあえていうなら、この議論は邪馬台国《やまたいこく》をめぐる論争のようなもので、資料の少ない古代王朝に関しては、作家が想像力を膨らませて話を作ることができます。ハザール東欧ユダヤ人起源説は、こういった歴史物語のひとつと考えたほうがいいでしょう。

一方、ハザール起源説を否定する方向の論証はあります。

たとえば、言語的に、ハザールの言語はテュルク語系言語でしたが、アシュケナジムの使用言語であるイディッシュはドイツ語の一方言がベースとなった言語ですから、全く系統の異なる言語にそっくり入れ替わったという点が不自然です。もっとも、言語は後天的に習得が可能なので、それだけでは全面否定できません。

しかし、最近は遺伝学が進んでいますので、その道の研究から、より確定的な結果が導き出されています。それによると、ヨーロッパ、北アフリカ、中東のユダヤ人コミュニティのルーツは共通で、テュルク（トルコ）系とは異なる遺伝子を持っていることがわかっています。

そのため、大半の研究者は、東欧ユダヤ人ハザール起源説に対しては否定的なのです。

ただし、クリミア半島には古く（一世紀ごろ）から非アシュケナジムのユダヤ教徒としてクリムチャク人が定住しており、彼らが崩壊したハザールから人々を吸収した可能性は否定できないとみられています。

つまり、現在のユダヤ人／ユダヤ教徒の中には、ハザールの末裔がまったくいないわけではありませんが、その中核をなすアシュケナジムの大部分がハザールの子孫であるとするのは無理があるのです。

宇野正美氏と陰謀論ビジネス

先程挙げたケストラーの『ユダヤ人とは誰か　第十三支族・カザール王国の謎』の翻訳者は宇《う》野《の》正美《まさみ》氏です。宇野氏の一九八六年の著書『ユダヤが解ると世界が見えてくる』は『ユダヤが解ると日本が見えてくる』と合わせて百数十万部ともいわれる大ベストセラーとなりました。日本が高度成長を成し遂げバブル期に入る八〇年代の本ですから、「儲けすぎ日本」が円高・ドル安で狙い撃ちされている、これは「ある勢力」の世界戦略の一環だという話の流れが大筋の背景としてあったことは容易に推測できます。

内容はというと、いわば『シオン賢者の議定書』日本版です。

「ユダヤ民族のうちの最高最強のエリート集団、それが国際ユダヤ資本であり、彼らが『裏国家』として全世界を動かしているのである」（『ユダヤが解ると世界が見えてくる』六頁）にはじまり、超大国アメリカを支配しているのは、実はユダヤ人である、そして、アメリカを支配するものは全世界を支配する、といった調子です。

「アメリカのマスコミはユダヤ人の完全掌握下にある」(一三二頁)あるいは、古き良きアメリカは『大草原の小さな家』(注)に描かれるようなキリスト教精神、フロンティア精神に富んだ国であったのに、移住してきたユダヤ人が資本主義の権化のような国に変えてしまった(一三四頁)などと述べています。

ここまで読んでくださった読者のみなさんは、もはや、こうした陰謀論に追従することはないでしょう。宇野氏は実在の有名なユダヤ人と歴史的事項をこじつけて物語を作っていますが、その解釈にかなり無理があることは本書で述べてきたとおりです。

なかには「アメリカ・ユダヤ最大の財閥はロックフェラー家」(一一二頁)という明らかな間違いも。また、『シオン賢者の議定書』を何度も引用していますが、その成り立ちや偽書であることが判明していることなどには触れていません。

円高ドル安もユダヤのせい。日本共産党を育てたのもユダヤ。日教組を作ったのもユダヤ。なんでもかんでもユダヤのせいにしているあたりは、まさに『シオン賢者の議定書』の焼き直しです。

(注)『**大草原の小さな家**』:西部開拓時代のアメリカ人一家がさまざまな困難を乗り越える姿を描いたテレビドラマ。一九七四年から八三年まで放映された。日本でもNHKが放映し、大ヒットした。

宇野氏は、『ユダヤ人とは誰か　第十三支族・カザール王国の謎』でも、本来、陰謀など何もないところに陰謀を匂わせるような書き方をします。訳者序文（一四頁）に「彼（アーサー・ケストラー）が本書を世に出したのは一九七七年であった。それから数年たった一九八三年、彼とその妻は謎の死を遂げた」とあります。これではまるで、殺されたかのように読めますが、実際には、前述の通り、ケストラーはパーキンソン病などの病を苦にして安楽死を選んだのです。

宇野氏の立場では、五島勉《ごとうべん》氏の『ノストラダムスの大予言』と同様、オカルト風味のエンターテインメント本として、おもしろおかしく書いたものが、たまたまベストセラーになっただけと弁解するのかもしれません。

しかし、ノストラダムスのように数百年前に亡くなった歴史上の人物とは異なり、現在でもユダヤ人／ユダヤ教徒は、全世界で約一四六〇万人（Jewish Virtual Library 2018）の人口があると推定されており、日本国内でも、少数ながら（少し古いですが、二〇一四年の調査によれば約二〇〇〇人。Golub, Jennifer, JAPANESE ATTITUDES TOWARD JEWS. PACIFIC RIM INSTITUTE OF THE AMERICAN JEWISH COMMITTEE）ユダヤ人／ユダヤ教徒が生活しています。現実に我々と同じ世界で生きている人たちに対する誤解や偏見の拡散を避けるべきなのは当然のことです。

昔は日本語の壁がありましたが、最近では日本語を解する外国人も増えています。遊びや冗談のつもりが、国際的にしゃれにならない事態を引き起こしかねません。

無自覚に拡散される陰謀論

日本社会は歴史的にユダヤ人／ユダヤ教徒との接点が少なかったため、欧米のような反ユダヤ主義の伝統もほとんどありませんが、それだけに、「ユダヤの陰謀」論への免疫もありません。そのため、陰謀論を信じやすく、それに基づく偏ったユダヤ認識で物事を騙《かた》りがちです。しかし、インターネットを通じて、人々の発言が瞬時に全世界に拡散するなかで、そうした姿勢はあまりにも不用心ではないでしょうか。

たとえば、人気お笑いコンビ「オリエンタルラジオ」の中田《なかた》敦彦《あつひこ》氏は、ユーチューブで「中田敦彦のYouTube大学」を主宰し、チャンネル登録者数は二〇〇万人を超えています。その巨大YouTube番組で同氏が語っているユダヤ論、ユダヤ認識は、典型的なユダヤ陰謀論の流れを汲《く》むものです。

たとえば、二〇一九年九月一一日の配信動画では、

・各地に離散したユダヤ人／ユダヤ教徒は金融業しか許されなかったので、世界中で金融の知識を得て金を儲ける。第一次大戦中、英国はそんなユダヤ人の資金を狙った。

・第一次大戦中の英国は、ユダヤ人に資金援助の代償として、（ユダヤ人がそれまで想定してい

なかった）パレスチナにおけるナショナルホームの建設を持ちかけた。

・イスラエルのバックにはアメリカがついている。なぜなら、ユダヤは金融で成功を収め、アメリカのトップエリートの中にはユダヤ人が多数いる。アメリカの政治家はユダヤのバックアップなしには当選しない人が大勢いる。ユダヤはアメリカを裏からコントロールして、パレスチナに戻ってきた。

などと中田氏は説明していますが、本書でもご説明した通り、明らかに事実とは異なっています。同様の内容は、中田氏が典拠として挙げた池上彰《いけがみあきら》氏の著書にも書かれています。つまり、有名人が間違った本を書き、それを参考にして、別の有名人がまた間違った番組を作ったのです。社会的に影響力のあるタレント・芸能人が、おそらくは無自覚に、陰謀論に基づいたユダヤ認識を再生産し、拡散しているわけです。

件《くだん》の動画には、配信から半年以上が経過した現在でも「素晴らしい」、「わかりやすい」などのコメントが毎日のようにつけられていますから、視聴者が、前記のようなユダヤ認識をさらに拡散していく可能性は極めて高いでしょう。そうした負の連鎖（あえてこういいます）は、そろそろ断ち切らねばなりません。

さらに、中田氏が以上の講義を行った直後にライブの告知動画が流れます。その画面では、幅

左はザクセンハウゼン強制収容所の囚人服
右２点は「中田敦彦の YouTube 大学」より

広のグレーとブルーのセットアップを着た人が踊り（上写真中）、白い鷲《わし》のマークが入った黒シャツ姿の中田氏が歩いています（上写真右）。

欧米人の目には、動画に出てくるストライプはアウシュヴィッツに代表されるユダヤ人絶滅強制収容所の囚人服を、黒字に白の鷲はナチス・ドイツの紋章を想起させることはほぼ確実です。

動画本編の内容とあわせて、中田氏がユダヤ陰謀論の支持者であり、ナチス・ドイツとホロコーストを賛美しているとみなされる危険性は大いにありうることなのです。

もちろん、現在の西側世界におけるナチス批判、反ユダヤ主義批判の中には、時として首をかしげたくなるようなものがあることも事実です。

たとえば、仏教などで使用される卍《まんじ》とナチスの鉤十字《ハーケンクロイツ》の問題を考えてみましょう。卍は単純なデザインゆえ、洋の東西を問わず、古くから自然発生的に使われていました。卍がデザインされたもっとも古い遺物は新石器時代のインドのものですが、ハインリ

ジャイナ教開祖とされるマハーヴィーラの2600年祭を記念して2001年にインドで発行された切手には、法輪のある手と上に３つの点がある卐を組み合わせたジャイナ教のシンボルマークが大きく取り上げられている。

奈良・東大寺の大仏の蓮華座の花弁に刻まれた釈迦説法像（大仏蓮弁毛彫）を取り上げた切手。釈迦の胸の部分には、ナチスの鉤十字とデザイン上は全く同一の右まんじ（卐）がしっかりと刻まれている。

ヒ・シュリーマンの発見したトロイの遺物の中にも卍のデザインが見られます。このため、シュリーマンは、卍を古代のインド・ヨーロッパ語族に共通の宗教的シンボルと考えました。

古来、インドでは卍は吉祥《きっしょう》の印とみなされており、左旋回の卍（左まんじ）は和の源、右旋回の卐（右まんじ）は力の源とされてきました。このため、卍や卐は、ヒンドゥー教ではヴィシュヌ神の胸の旋毛として、仏教では釈迦《しゃか》の胸の瑞相《ずいそう》として仏像・仏画などにも描かれてきました（上図右）。

また、ジャイナ教でも信仰のシンボルとして用いられています（上図左）。

わが国では、仏教関係の図像以外に、卍を家紋として使う例も数多くありました。

一方、ナチス・ドイツの鉤十字は、シュリーマンが卍をインド・ヨーロッパ語族に共通のシンボルと考えたことから、アーリア人の象徴として、一九二〇年に党章として採用したものです。今では「まんじ」より「ハーケンクロイツ」のほうが有名で、日本人でもお寺以外の場所でこの印を見たらナチスを思い浮かべますが、卐＝ナチスになってしまったのは、ここ一〇〇年のことにすぎません。しかし、「まんじ」そのものの起源は三〇〇〇年以上前にまで遡《さかのぼ》るとされ、長い歴史を持った伝統ある象形なのです。

もちろん、私はナチス・ドイツによる数多くの蛮行を擁護するつもりはありませんし、それゆえ、ナチスを礼賛する意図をもって鉤十字をデザインした商品を販売することにも反対です。

少林寺拳法のシンボル、盾卍

ただし、その一方で、卍であれば、無条件にすべて排除してしまおうという風潮が無きにしも非ずの現状は大いに憂慮しています。場合によっては、明らかにナチスとは無関係のものであっても〝臭いものには蓋《ふた》〟よろしく、削除・変更を余儀なくされています。たとえば、少林寺拳法のシンボルマークであった盾卍（上図）、ヨーロッパの一部の国では使用することができません。これなど、明らかに理不尽な話です。

一般の欧米人は、日本を含むアジアについての知識が乏しいでしょうから、彼らが単純に卍をナチスと同一視してしまうのは、ある程度やむを得ないことかもしれません。しかし、そうであればこそ、我々は、日本の文化伝統において（もちろん、ナチスとは全く無関係に）使われている卍のデザインについては、その意味や歴史的背景などをきちんと発信していく必要があるはずです。そして、そのためには、ナチス・ドイツの蛮行に代表される反ユダヤ主義とその歴史についても、欧米人と対等に議論できるだけの正確な基礎知識をもち、日本の伝統文化がそれとは無関係であることを具体的に示さなければ、彼らを説得することなどできません。

日本人として「日本」を発信するためにも、我々は世界の「常識」を身に付けておく必要があります。

ユダヤ陰謀論という、世界の「非常識」に感化されないための予防薬として、あるいは、そこから脱するための治療薬として、本書をご活用いただければ幸いです。

おわりに

本書は、二〇一五年四月から二〇一七年一月まで、インターネット放送のチャンネルくらで配信した「きちんと学ぼう！　ユダヤと世界史：ユダヤ陰謀論を叱《しか》る」の内容の一部を再構成しつつ、英国のEU離脱問題など、新たな内容も大幅に加えて書籍化したものです。

ユダヤ人／ユダヤ教徒の問題は、キリスト教世界を中心に、全世界の歴史と関わってくるだけに、「ユダヤと世界史」の番組も、一九四八年のイスラエル建国までをざっと概観しただけですが、ほぼ毎週一回のペースで配信しても二〇ヵ月以上もかかってしまいました。

当初の目論見では、番組は一〇回程度で完結させ、その後あまり時間を置かずに、配信内容に加筆し書籍化したいと考えていたのですが、いかんせん、コンテンツの分量が膨らみすぎて、とても一冊の書籍に収めきれる分量ではなくなり、どうしたものかと思案しているうちに、時間だけが無為に過ぎてしまいました。（二〇一五年にはホロコーストの部分のみを『アウシュヴィッツの手紙』としてえにし書房から上梓《じょうし》し、二〇一九年には同書の改訂増補版も刊行できましたが）

そうしたなかで、二〇一九年末から二〇二〇年初にかけて、本文中でも触れた中田敦彦氏のユーチューブ番組の問題点を指摘する番組をチャンネルくらで配信したところ、予想以上の反響をいただき、雑誌『Ｗｉｌｌ』でも再構成の上、掲載していただくなどの動きがありました。

そこで、チャンネルくららの主宰者でもある倉山満先生にビジネス社の唐津隆社長をご紹介いただき、あらためて、「ユダヤと世界史」の内容を中心にトピックを選び、あわせて、コミンテルンについても簡単に触れることで一冊にまとめようということになって、番組終了から三年を経て、ようやく「ユダヤ本」を世に出すことができました。

ただし、「ユダヤと世界史」に関しては、本書でも取り上げきれなかった内容もかなり残っていますので、いずれ機会があれば、それらについてもどこかで活字化したいと考えています。

なお、筆者は切手や郵便物を歴史研究や地域研究の史資料として活用する「郵便学」を専門としておりますので、本書でも、わずかではありますが、その一端を示しています。読者の方には、図版の選択がいささか唐突な印象を与えるかもしれませんが、ご了承ください。

末筆ながら、本書の制作の実務に関しては、倉山先生のほか、倉山工房の徳岡知和子さん、ヒカルランドの本間肇さんに大変お世話になりました。あらためて、感謝の意を表して、筆を擱《お》くことにしたいと思います。

西暦二〇二〇年四月二十九日、
すなわち、ユダヤ暦五七八〇年イヤール月五日、七二回目のイスラエル独立記念日に

著者識す

主要参考文献（※紙幅の都合上、原則として、特に重要な引用、参照を行った日本語の単行本に限って挙げている）

会田雄二『アーロン収容所』中公文庫　一九七三年
飯山雅史『アメリカの宗教右派』中公新書ラクレ　二〇〇八年
市川　裕『ユダヤ人とユダヤ教』岩波新書　二〇一九年
岩本道人（吉永進一）、船戸英夫　他『世界の奇書』自由国民社　一九九二年
上田和夫『ユダヤ人』講談社現代新書　一九八六年
C・V・ウッドワード（清水博・有賀貞・長田豊臣訳）『アメリカ人種差別の歴史』福村出版　一九九八年
江崎道朗『コミンテルンの謀略と日本の敗戦』PHP新書　二〇一七年
江崎道朗『日本外務省はソ連の対米工作を知っていた』扶桑社　二〇二〇年
大沢武男『ユダヤ人ゲットー』講談社現代新書　一九九六年
加藤哲郎『ゾルゲ事件　覆された神話』平凡社　二〇一四年
神田順司「マルクスとユダヤ人問題」『立命館文学』六二五　二〇一二年
マーチン・ギルバート（滝川義人訳）『ホロコースト歴史地図　一九一八―一九四八』東洋書林　一九九五年
久山道彦「オリゲネスにおけるエステル記理解　古代キリスト教における反ユダヤ主義をめぐって」『中世思想研究』第四一号　一九九九年
倉山　満『大間違いのアメリカ合衆国』KKベストセラーズ　二〇一六年
R・J・クランプトン（高田有現・久原寛子訳）『ブルガリアの歴史』創土社　二〇〇四年
アーサー・ケストラー（宇野正美訳）『ユダヤ人とは誰か　第十三支族・カザール王国の謎』三交社　一九九〇年
ノーマン・コーン（内田樹訳）『ユダヤ人世界征服陰謀の神話―シオン賢者の議定書』ダイナミックセラーズ　一九八六年
佐藤唯行『アメリカ・ユダヤ人の政治力』PHP新書　二〇〇〇年
ルティ・ジョスコビッツ『私のなかの「ユダヤ人」』三一書房　二〇〇七年
鈴木崇巨『福音派とは何か？　トランプ大統領と福音派』春秋社　二〇一九年
滝川義人『ユダヤを知る事典』東京堂出版　一九九四年

立山良司『ユダヤとアメリカ　揺れ動くイスラエル・ロビー』中公新書　二〇一六年
内藤陽介『大統領になりそこなった男たち』中公新書ラクレ　二〇〇八年
内藤陽介『ハバロフスク』彩流社　二〇一〇年
内藤陽介『アウシュヴィッツの手紙』えにし書房　二〇一五年
内藤陽介『パレスチナ現代史　岩のドームの郵便学』えにし書房　二〇一七年
中野勝郎『アメリカ連邦体制の確立　ハミルトンと共和政』東京大学出版会　一九九三年
野口英明『世界金融本当の正体』サイゾー　二〇一五年
不破哲三『スターリン秘史　巨悪の成立と展開』全六巻　新日本出版社　二〇一四―一六年
ジョン・アール・ヘインズ、ハーヴェイ・クレア（中西輝政監訳、山添博史・佐々木太郎・金自成訳）『ヴェノナ　解読されたソ連の暗号とスパイ活動』扶桑社　二〇一九年
レオン・ポリアコフ『反ユダヤ主義の歴史』全五巻　筑摩書房　二〇〇五―〇七年
本間長世『ユダヤ系アメリカ人　偉大な成功物語のジレンマ』PHP新書　一九九八年
カール・マルクス（中山元訳）『ユダヤ人問題によせて／ヘーゲル法哲学批判序説』光文社　二〇一四年
丸山直起『ホロコーストとアメリカ　ユダヤ人組織の支援活動と政府の難民政策』みすず書房　二〇一八年
村松　剛『ユダヤ人　迫害・放浪・建国』中公新書　一九六三年
サイモン・セバーグ・モンテフィオーリ（染谷徹訳）『スターリン　赤い皇帝と廷臣たち　上下』白水社　二〇一〇年
山下　肇『ドイツ・ユダヤ精神史　ゲットーからヨーロッパへ』講談社学術文庫　一九九五年
ウォルター・ラカー（井上茂子・芝健介・長田浩彰・永岑三千輝・木畑和子・原田一美・望田幸男訳）『ホロコースト大事典』柏書房　二〇〇三年
オーラ・リモール「ユダヤ教徒とキリスト教徒：対話・論争・対立」『第五回ＣＩＳＭＯＲユダヤ学会議　古代・中世初期のユダヤ教とキリスト教』同志社大学一神教学際研究センター（ＣＩＳＭＯＲ）／神学部神学研究科　二〇一一年
レッシング（篠田英雄訳）『賢人ナータン』岩波文庫　一九五八年
和田春樹『レーニン　二十世紀共産主義運動の父』山川出版社　二〇一七年

著者略歴
内藤 陽介（ないとう ようすけ）
1967年東京都生まれ。東京大学文学部卒業。郵便学者。日本文芸家協会会員。切手等の郵便資料から国家や地域のあり方を読み解く「郵便学」を提唱し、研究・著作活動を続けている。主な著書に『なぜイスラムはアメリカを憎むのか』（ダイヤモンド社）、『中東の誕生』（竹内書店新社）、『外国切手に描かれた日本』（光文社新書）、『切手と戦争』（新潮新書）、『反米の世界史』（講談社現代新書）、『事情のある国の切手ほど面白い』（メディアファクトリー新書）、『マリ近現代史』（彩流社）、『日韓基本条約（シリーズ韓国現代史1953-1965）』、『朝鮮戦争』、『リオデジャネイロ歴史紀行』、『パレスチナ現代史』、『チェ・ゲバラとキューバ革命』『改訂増補版 アウシュヴィッツの手紙』（えにし書房）などがある。

みんな大好き陰謀論

2020年7月15日　第1刷発行

著　者　内藤 陽介
発行者　唐津 隆
発行所　株式会社ビジネス社
〒162-0805　東京都新宿区矢来町114番地 神楽坂高橋ビル5階
電話　03(5227)1602　FAX　03(5227)1603
http://www.business-sha.co.jp

印刷・製本　大日本印刷株式会社
〈カバーデザイン〉斉藤よしのぶ
〈本文組版〉メディアタブレット
〈編集協力〉徳岡知和子（倉山工房）
〈編集担当〉本間肇
〈営業担当〉山口健志

ISBN978-4-8284-2199-5